Erhard Chvojka (Hg.)

# GROSSMÜTTER

Damit es nicht verlorengeht ...

21

Herausgegeben von Michael Mitterauer
und Peter Paul Kloß

Erhard Chvojka (Hg.)

# GROSSMÜTTER

## Enkelkinder erinnern sich

BÖHLAU VERLAG  WIEN·KÖLN·WEIMAR

Gedruckt mit Unterstützung durch
das Bundesministerium für Wissenschaft und Forschung,
die Landesregierungen
Salzburg,
Niederösterreich,
Oberösterreich und
Steiermark


Umschlagbild: Willy Puchner, Wien



Die Deutsche Bibliothek-CIP-Einheitsaufnahme
**Grossmütter**: Enkelkinder erinnern sich / Erhard Chvojka. -
Wien; Köln; Weimar: Böhlau, 1992
(Damit es nicht verlorengeht ... ; 21)
ISBN 3-205-05492-X
NE: Chvojka, Erhard; GT


ISBN 3-205-05492-X

Druck: Wiener Verlag, Himberg

# Inhalt

Vorwort der Reihenherausgeber 7

*Lebensgeschichtliche Erinnerungen an Großmütter*

Johann DÜRMOSER
(geb.1887, Großmutter geb.1829)
Die Ahnlmutter 13

Reinhold KLAUS
(geb.1881, Geburtsdatum der Großmutter
unbekannt)
Diese unglückselige Frau 22

Franz OBERGOTTSBERGER
(geb.1895, Großmutter geb. 1844)
... das Lied meines Lebens 28

Ferdinand CHALOUPEK
(geb.1900, Großmutter geb. 1852)
... die weisen Frauen der Vorzeit 36

Josef RICHTER
(geb.1914, Großmutter geb. 1852)
Taglöhnerin, und das im Alter von 65 Jahren 47

Maria HORNER
(geb.1917, Großmutter geb. 1870)
Hebamme und Heilpraktikerin 57

Hans Heinz WEBER
(geb.1919, Großmutter geb. 1873)
Bomama trug ein Mieder 68

Katharina MITTERBACHER
(geb.1920, Großmutter geb. 1876)
Vierzig Jahre als Bauernmagd 83

Franziska M<small>ERITZ</small>
(geb.1920, Großmutter geb.1855)
... von allen wegen ihrer Stärke bewundert       89

Maria F<small>OCHLER</small>
(geb.1922, Großmutter geb. 1853)
Kochen konnte die Großmutter       97

Hedwig Ö<small>HLER</small>
(geb.1930, Großmütter geb. 1867 bzw. 1874 )
Um die Existenz kämpfen müssen       104

Josefa H<small>IRSCHMANNER</small>
(geb.1934, Geburtsdaten der Großmutter
unbekannt)
Sie konnte wunderbar erzählen       113

Inge G<small>UIST</small>
(geb.1936, Geburtsdaten der Großmütter
unbekannt)
Die beiden lieben, alten Großmütter       118

Theresia O<small>BLASSER</small>
(geb.1941, Großmutter geb.1886)
In den alten Gebetbüchern der Großmutter       123

Erhard C<small>HVOJKA</small>
Großmütter - gestern und heute       129
Die Auswirkungen der steigenden Lebens-
    erwartung auf das Verhältnis zwischen
    Großeltern und ihren Enkelkindern       130
Großmütter und Großelternschaft heute       133
Großmütter in lebensgeschichtlichen
    Erinnerungen       137
Die Großmutter als Spiegelbild
    vergangener Zeiten       146
Stereotype in den Großmutter-Erinnerungen       150
Glossar       157

# Vorwort

Der Band „Großmütter" macht im Rahmen der Reihe „Damit es nicht verlorengeht ..." erstmals eine bestimmte Familienbeziehung zum Thema - eine Beziehung, die im Leben von Autorinnen und Autoren lebensgeschichtlicher Aufzeichnungen von ganz besonderer Bedeutung zu sein scheint. Bei Maria Gremel, der ersten Autorin der Reihe, ist in ihren Lebenserinnerungen „Mit neun Jahren im Dienst" ein Kapitel dem Aufenthalt bei der Großmutter gewidmet. Maria Horner beginnt die Aufzeichnungen ihrer Erinnerungen „Aus dem Leben einer Hebamme" mit „Erzählungen meiner Großmutter". Die Großmutter ist hier die wichtigste Gestalt der Kindheitsgeschichte. Barbara Waß hat ihren Band „Für sie gab es immer nur die Alm ..." von der Lebensgeschichte der Großmutter ausgehend zu einem Bericht über die Lebenswelt der Sennerinnen gestaltet. Noch stärker steht die Großmutter bei Helen Liesl Krag in „Man hat nicht gebraucht keine Reisegesellschaft ..." im Mittelpunkt. Der ganze Band ist ein Dialog zwischen Enkelin und Großmutter. In den aus Lebenserinnerungen verschiedener Autorinnen und Autoren zusammengestellten Sammelbänden „Häuslerkindheit" und „Es war eine Welt der Geborgenheit ... Bürgerliche Kindheit in Monarchie und Republik" begegnen Großmütter in sehr unterschiedlicher Weise, stets aber mit besonderer Bedeutsamkeit. Diese so wichtige Beziehung zur Großmutter soll im vorgelegten Band nun explizit zum Thema gemacht werden. Aus den über 800 unpublizierten Autobiographien der „Dokumentation lebensgeschichtlicher Aufzeichnungen am Institut für Wirtschafts- und Sozialgeschichte der Universität Wien", von denen fast jede auf Großmütter Bezug nimmt, hat Erhard Chvojka vierzehn ausführlichere und in sich geschlossene Berichte ausgesucht. Sein Kommentar zur Edition versucht, diese vielfältigen individuellen Berichte in einen historisch-sozialwissenschaftlichen Kontext einzuordnen. Das ist ja ein grundsätzliches Anliegen der Reihe „Damit es nicht verlorengeht ...": lebendig erzählte Lebensgeschichten in ihrer Ursprünglichkeit zu präsentieren, damit zugleich aber auch allgemeine Einsichten in Prozesse der historischen Veränderung unseres Alltagslebens zu vermitteln.

Mit der Beziehung zur Großmutter sind mehr oder minder direkt stets ganz grundsätzlich Familienbeziehungen angesprochen. Die Großmutter ist die Mutter des Vaters, die Mutter der Mutter. Sie hat jene Menschen erzogen, geprägt, geformt, denen man die eigene Erziehung, Prägung, Formung verdankt. Wenn Autorinnen und Autoren über Großmütter erzählen, so erzählen sie damit stets auch sehr Wesentliches über sich selbst. Sie zeichnen die Verbindungslinien nach, die aus der Vergangenheit der Familiengeschichte zu ihrer eigenen Existenz, zu ihrer eigenen Identität hinführen. Diese Verankerung in der eigenen Familiengeschichte soll mit diesem Band besonders bewußt gemacht werden. Lebensgeschichten lesen heißt auch immer, sich mit der eigenen Lebensgeschichte auseinanderzusetzen. Man sieht die Unterschiede, die Gemeinsamkeiten, man empfindet, wie man durch das Gelesene selbst betroffen ist. So will dieser Band dazu anregen, über das eigene Gewordensein aus der Familiengeschichte nachzudenken. Die Rolle der „Mütter" in der Familiengeschichte steht dabei im Vordergrund. Ein Band über „Großväter", der in ähnlicher Weise Männer, „Väter" in der Familiengeschichte thematisiert, soll bald nachfolgen. Bei einer solchen Beschäftigung mit den weiblichen und männlichen Vorfahren in der Familiengeschichte geht es stets um zweierlei: um die je individuell unterschiedlichen Vorfahren und ihre besondere Rolle in der eigenen Familiengeschichte, ebenso aber auch um die Großmutter- bzw. Großvaterrolle im allgemeinen in ihrer gesellschaftlichen Bedingtheit im Zusammenhang einer Sozialgeschichte der Familie. Beides ist für ein Selbstverständnis aus Familiengeschichte wichtig: persönliche Einzelschicksale, aber auch Familienstrukturen, die ihrerseits wiederum nur in ihrem gesellschaftlichen Kontext zu begreifen sind.

Die „Erzählungen der Großmütter" spielen in der Familienüberlieferung eine besondere Rolle. Woran sich die Großmutter noch erinnern konnte, das ist abseits von unseren Kenntnissen aus dem Geschichtsunterricht eine lebensgeschichtliche Verbindung zum Wissen um Vergangenheit. Es sind ganz andere Themen, die bei dieser Form der Vermittlung im Vordergrund stehen: Wissen um alltägliche Lebensverhältnisse in früherer Zeit: Wie es auf dem Bauernhof zuging, was man von der Welt wußte, bevor es Radio und Fernsehen gab, wie man die langen Winterabende verbrachte, als man noch auf die Petroleumlampe angewiesen war. Die Geschichtsbücher überliefern uns wenig über diesen Alltag früherer Zeiten. Und doch wäre es wichtig, mehr darüber zu wissen, um unsere so ganz anderen Lebensverhältnisse der Gegenwart aus dem Kontrast zur Vergangenheit in ihrer Besonderheit zu begreifen. Die Reihe „Damit es nicht verlorengeht ..." hat es sich zur Aufgabe gesetzt, das Wissen um Lebensverhältnisse der Vergangenheit zu sichern und weiterzugeben. Die Grundlage für die hier publizierten Bände ist die „Dokumentation lebensgeschichtlicher Aufzeichnungen am Institut für Wirtschafts- und Sozialgeschichte der Universität Wien". Jeder Band ist daher mit dem allgemeinen Aufruf verbunden, dieser Sammlung Kopien von Autobiographien aus privatem Besitz zur Verfügung zu stellen. Leser der Bände, die von solchen lebensgeschichtlichen Aufzeichnungen im Familienbesitz wissen, werden daher gebeten, mit der „Dokumentation" Kontakt aufzunehmen (Institut für Wirtschafts- und Sozialgeschichte, Universität Wien, A-1010 Wien, Dr.-Karl-Lueger-Ring 1, Tel. 0222/40103-2294 DW).

Mit dem Band „Großmütter" wollen wir als Herausgeber der Reihe „Damit es nicht verlorengeht ..." auch noch einen speziellen Aufruf verbinden. In den Beziehungen von Großmüttern zu ihren Kindern und Enkelkindern, ganz allgemein in den Beziehungen zwischen alt und jung, hat sich in den letzten Jahrzehnten sehr Grundsätzliches verändert. Die Lebenserwartung ist in einem Maße angestiegen, wie noch nie zuvor in der Menschheitsgeschichte. Anders als in der Generation unserer Großeltern ist es heute eine Selbstverständlichkeit, daß Großeltern noch ihre erwachsenen Enkelkinder erleben. Solche Kontakte können viel Schönes an generationsübergreifender Familiengemeinsamkeit bedeuten, sie können aber auch mit besonderen Schwierigkeiten

10

verbunden sein. Noch nie zuvor in der Geschichte haben Angehörige von Generationen gleichzeitig gelebt, die in so unterschiedlicher Weise von ihrer jeweiligen Zeitgeschichte geprägt wurden - in ihren Erfahrungen, in ihren Werthaltungen, in ihren Verhaltensweisen. Das Zusammenleben der Generationen ist dadurch sicher nicht leichter geworden. Nie zuvor in der Geschichte haben so viele alte Menschen eine so lange Phase ihres Lebens allein verbracht. Die Einzelhaushalte alleinstehender alter Menschen nehmen kontinuierlich zu - eine Situation, mit der es oft schwierig ist, fertig zu werden. Der spezielle Aufruf dieses Bandes richtet sich an Großmütter, Großväter, alte Menschen überhaupt mit der Bitte, uns über ihr Leben zu schreiben. Wie haben alte Menschen früher gelebt? Wie ist es den eigenen Großeltern ergangen? Aber auch über Ihre heutige Lebenssituation wollen wir Sie einladen zu schreiben. Was hat sich geändert? Welche Erfahrungen haben Sie selbst mit diesen veränderten Lebensverhältnissen gemacht? Darüber nachzudenken und zu schreiben, könnte für Sie wichtig sein. Vielleicht ist das, was Sie schreiben, auch für Ihre Enkelkinder interessant? Sicher für uns.

*Peter Paul Kloß*
*Michael Mitterauer*

# Die Ahnlmutter

ANGELA BRANDSTETTER / JOHANN DÜRMOSER

Johann Dürmoser wurde 1887 in Taxen (heute Eben) im Pongau (Salzburg) als unehelicher Sohn einer Sennerin geboren und wuchs in den ersten Jahren seines Lebens bei seiner Großmutter, Maria Dürmoser (1829-1896), auf.
Johann Dürmosers Tochter Angela Brandstetter schrieb aus eigener Erinnerung die Erzählungen ihres Vaters über seine Mutter und seine Großmutter nieder und behielt die Ich-Form bei. Frau Brandstetter verfaßte diese Aufzeichnungen für den eigenen Familienkreis. Nachdem sie eine Radiosendung über das Dienstbotenleben früherer Zeiten gehört hatte, sandte sie das Manuskript an die Dokumentation lebensgeschichtlicher Aufzeichnungen.
Einige Abschnitte aus diesen Erinnerungen wurden bereits 1985 im Band 5 dieser Reihe, „Mägde", herausgegeben von Therese Weber, veröffentlicht. Die folgenden Seiten entstammen dem Kapitel „Großmutter" aus der Lebensgeschichte Johann Dürmosers.

Ich könnte sie zeichnen, wenn ich die Gabe hätte, so deutlich sehe ich sie vor mir nach all den vielen Jahren. Sie war der Baum, an dem sich der kleine Hansei in seinem ersten Jahrzehnt halten und orientieren konnte. Sie und der Ahnl, nie verheiratet und doch ein prächtiges Paar; Ahnlmutter lebte in einem winzigen Zuhäusel am Schartlhofgut in Taxen.
Es war nur eine kleine Stube und ein Kammerl, aber für mich war es ein Königreich. In der Kammer waren nur ein kleines und ein großes Bett. Das kleine zimmerte Großvater, und es hätte viele Generationen von Hanseis ausgehalten, wären sie hineingebo-

ren worden. Das Prächtigste aber war ein riesengroßer Schrank, den hatte vor Jahren der junge Veit seiner Mirl getischlert, als beide noch auf was Eigenes hofften. Er war Großmutters Stolz, und er nahm eine Seite des Schlafkammerls ein.

Das winzige Fenster, eigentlich nur ein Guckloch, war Sommer und Winter offen. Im Sommer kam der Geruch von Wald und Feld herein, da war die kleine Kammer erfüllt von Vogelgezwitscher und dem Gemuhe aus dem nahen Bauernhof. Im Winter blieb das Fensterchen auch offen, wenn in stürmischen Nächten der Schnee hereinstiebte. Es war brennkalt, aber Ahnlmutter meinte, das wäre gesund, man schliefe besser, und man müsse überhaupt von jung an gewohnt sein, mit der Unbill des Lebens fertig zu werden. Das Bett aber war warm, mit dickem Strohsack, dem rupfenen Leintuch, von Großmutter gesponnen und gewebt, und dem unvergleichlichen Golter aus dicker Schafwolle, auch von Großmutter gewalkt. Manchmal legte sie mir sorglich einen gewärmten Topfdeckel zu Füßen, damit ich nicht fröre. Im ersten Jahr, so erzählte sie mir später, nahm sie mich auf ihrem breiten Rücken mit auf die Bauernhöfe. Während des Arbeitstages verblieb ich bei den Kindern unter der Aufsicht von Lokei, der Altbäuerin. Daß es mir an nichts fehlte, dafür sorgte schon Großmutter. „Es wäre nicht gut Kirschen essen mit der Mirl, wenn dem Hansei etwas zustieße", meinte die Bäuerin.

Mit zwei Jahren weitete sich meine Welt schon merklich. Nun marschierte ich schon mit Großmutter an der Hand jeden Tag in ein neues Abenteuer. Von morgens bis abends unterwegs in Hof und Stall am Schartlhofgut. (...)

Abends, nach getaner Arbeit, gingen Ahnlmutter und ich wieder zum Häusl, Hand in Hand. Meine Ahnlmutter war groß, für den kleinen Hansei riesengroß. Ihre Hände hätten jedem Mannsbild Ehre gemacht. Sie war rauh und streng. Das Leben hat sie hart gemacht. Eine Kleinbauerntochter aus St. Martin war sie. Fünfzehn Kinder waren da aufgewachsen. Mit neun Jahren kam sie zu ihrem ersten Dienstplatz. Länger konnte keines der Geschwister zu Hause bleiben, da sich jedes Jahr wieder die Wiege füllte. Das Dirndl gedieh und wuchs und wurde groß. Dazwischen lag viel, wovon die Ahnlmutter nicht sprach, entweder weil sie kein Wesen davon machen wollte oder weil es besser war, zu vergessen und es unausgesprochen zu lassen. Dann kam der Veit. Er war Knecht, weil er auch ein weichender Sohn eines kleinen Anwesens war. Er war groß und stark, und er gefiel der jungen Mirl und sie ihm. Ans Heiraten konnten beide nicht denken, sie hatten ja beide nichts. Die Gesetze waren sehr streng damals. Es mußte wenigstens ein kleines Gütl vorhanden sein, sonst sagte der Bürgermeister „nein" zu dem Handel. Was würde denn sein, wenn sich die Dienstleute zusammentun könnten, wie sie möchten. Einlieger gab es auch so noch mehr als genug.
Als der Mirl nach Jahr und Tag das Mieder zu eng wurde, mußte der Veit aus dem Haus, denn der Hausvater litt den „Hausgrauß" nicht. So nannte man solche widrigen Umstände damals. Also kam der Veit zum Nachbarbauern, denn die Mirl wollte der Bauer nicht entbehren. Das Kind wuchs als Leutkind auf, und alles wäre gut gegangen, hätte der Veit einen längeren Weg zur Mirl gehabt. Trotz aller Erschwernis und vielleicht nur durch die Fin-

digkeit der Mirl, das Band hielt, wenn es auch nicht gesetzmäßig gebunden war. Noch nach Jahren lachte der Altbauer der Mirl, daß ihm die Tränen kamen, wenn er von ihrem Husarenstück erzählte. Die Sommernächte der Dienstleute sind kurz. Von einer Taglichte zur anderen wird gearbeitet. So kam es, daß die Mirl und der Veit erst wach wurden, als der Bauer zum Aufstehen an die Türe pochte. Durch die winzige Fensterluke kommt kein Kind, geschweige denn ein ausgewachsenes Mannsbild wie der Veit. Der wußte keinen Rat, wohl aber die Mirl. Resolut marschierte sie in die Stube, erklärte dem Bauern, sie hätte vor Flohplage kein Auge zugemacht. Sie holte den riesigen Laubkorb von der Tenne und der Veit stieg ein, Mirl stülpte den Inhalt des Strohsakkes darüber und rüstig nahm sie den Korb, und Veit und Strohsack landeten in der Streuhütte. So kam alles noch zu einem guten Ende. Und die Mirl hat ihm drei Kinder geboren. Zum Heiraten reichte es nie. Sie haben sich bis ins Alter gern gehabt und haben nach Vermögen die Kinder zu rechtschaffenen Leuten erzogen. Das älteste war meine Mutter. Die Mirl ist darüber alt geworden, doch unverzagt arbeitete sie und war auf ihre Art glücklich; nur rauh ist sie geworden und ein bisserl streng, auch zum kleinen Hansei. Von Bubenstreichen, die ich so gerne verübte, und die mir auch zum Teil von den Größeren beigebracht wurden, hielt sie nichts. Ich hatte manchmal alle Mühe, ihren riesigen Händen auszuweichen, wenn sie zuweilen hart zugriffen.

Großmutters Stolz war der große Schrank, der die eine Seite unseres Schlafkammerls einnahm. Lange Zeit durfte ich ihn nur von außen bestaunen. Auf blauem Grund waren Rosenbuschen und Zierat gemalt, er hatte ein richtiges Schloß und einen großen Schlüssel daran. Auf jeder Seite hatte er andere Bilder. Wenn sie den Kasten öffnete, nahm das Staunen kein Ende. Was da alles zutage kam! Leinen und Rupfenstücke, wie sie den Dienstboten als Jahreslohn zustanden; Loden- und Tuchstücke fein säuberlich gestapelt, mit wildem Thymian dazwischen; Fürtücher und Joppen und ein paar wunderschöne Wachsstöcke, wie man sie braucht, um zur Rorate Licht zu haben; ein Gebetbuch mit so wunderschönen Bildern, wie man sie nur in der Kirche sehen kann. Ganze Bündel von Werg und Wolle, alles ordentlich versorgt und gestapelt.

Das Geheimnisvollste aber war für mich ein eingebautes Fach mit vielen kleinen Schubladen. Hier hatte Großmutter ihre Kräuter, Salben und Tinkturen aufgehoben. Es war natürlich so, daß meine Ahnlmutter keine gewöhnliche Ahnlmutter war. Bei allen Gebrechen kamen die Bauern zu ihr und holten sich Salben, Pflaster und Kräutertees. Zu allen Jahreszeiten, ausgenommen im Winter, war sie mit mir unterwegs, um von Wiesen und Almen heilkräftige Kräuter zu holen.

Bei schlechtem Wetter, wenn die Arbeit bei den Bauern sich nicht drängte, braute sie Tinkturen und mischte Salben, schmolz Wachs und Pech und mischte alles zu heilkräftigen Pflastern. Sei es, daß eine Kuh nicht kalben konnte, ein Pferd rotzig war oder ein schwieriges Kindbett anstand, Großmutter hatte immer ein Mittel. Und all diese Zauberdinge waren in dem Kasten mit den vielen kleinen Schubladen und Fächern mit den Tiegeln und Flaschen.

Es war schön, mit Großmutter unterwegs zu sein. Wir sind weite Wege gewandert. Wenn auf dem

Schartlhofgut die Arbeit beendet war, ging es zum Strasserhof, später zum Gasthof und zum Lackenhof. Nun kam die Zeit, in der die Hofsöhne anfingen, ihre Kräfte am kleinen Hansei zu messen. Das ging anfangs gar nicht gut, denn meistens waren sie ja älter und größer als ich. Von Ahnlmutter bekam ich wenig Schützenhilfe, denn sie kannte das Leben und wußte, daß ihr Hansei lernen mußte, sich zu wehren. (...)

Wenn im Wald die Schwarzbeeren und Granten reiften, war ich tagelang mit dem Korb unterwegs und sammelte und trug alles wie ein kleiner Hamster nach Hause. Großmutter machte die herrlichsten Dinge daraus. Die Schwarzbeeren wurden getrocknet und als Arznei für Mensch und Tier verwendet. Für den Kletzenlaib brauchte man sie, Großmutter setzte sie auch mit Honig in Schnaps an, der herrlich schmeckte. Waren die Haselnüsse reif, sammelte ich mit den Eichkatzeln um die Wette, denn es hing ja davon die Güte des Kletzenbrotes ab, das mein Weihnachtsgeschenk war. Apfelschnitze und Birnenschnitze wurden aus Fallobst, das ich heimbrachte, gemacht. Großmutter zeigte mir, wie man sie machte, und ich besuchte sie fleißig, wenn sie ausgebreitet auf den Tüchern auf dem Häuseldach in der Sonne dörrten.

War meine Mutter im Tal, besuchte sie uns, und das war wieder ein Höhepunkt in meinem Bubendasein. Dann erzählte sie mir, wie es sein würde, wenn wir ein Eigenes hätten und daß es wohl noch ein wenig dauern würde. Sie und Vater würden die Augen offenhalten, und es würde sich schon ergeben. Ich konnte mir zwar nicht vorstellen, daß es mir irgendwo besser gefallen könnte als hier, aber Mutter konnte das alles so schön erzählen, und wenn Mutter es so meinte, dann war das gewiß richtig. (...)

Wer hätte das gedacht, daß dies ein anderer Sonntag werden würde, daß dieser Sonntag alles von Grund auf ändern würde. Er fing so an, wie alle Sonntage zuvor. Nach der Morgensuppe, die schon auf dem Tisch stand, als ich aus dem Bett stieg, zuerst einen Kübel Wasser über den Kopf gegossen, Großmutter hielt viel von Wasser, innerlich und vor allem äußerlich. Eine saubere Pfeid übergestreift, die Sonntagsjoppe, die grünweißgestrickten Strümpfe, und sonntags kamen noch Schuhe dazu. Großmutter nahm ihr Umhängtuch, Gebetbuch und Gebetschnur, und wir wanderten der Marktkirche entgegen. Im Kirchhof trafen wir auf Vater und Mutter. Das war seltsam, denn zur Kirche gingen nur Eheleute zusammen, aber nicht Unverheiratete, das war gegen den Brauch. Auch Großmutter schien sich zu wundern. Nach dem Hochamt gingen wir viere unserem Häusl zu. Dann saßen wir beisammen, und Mutter rückte die Worte zurecht und meinte dann, sie hätten nun ein Bauerngütl gefunden, und sie hätten es auch schon angeschaut, und sie dächten, es ginge schon. Sie hätte so viel gespart, daß die Übernahmekosten gedeckt seien, und der Vater würde von seinem Ersparten die Fährnisse leisten und eine Kuh kaufen, und sie hätten halt gedacht, wenn Großmutter mit dem Hansei hinsiedelte, dann würden sie noch ein Jahr verdienen können, um alles richtig zu beschaffen.

So kam es, daß Großmutter und ich unser Hab und Gut auf den großen Leiterwagen luden, das Häusl, in dem wir so lange zusammen waren, versperrten und ins Fritztal nach Hüttau zogen. So hielten wir

1894 Einzug. Es war ein ganz festes Haus, bis zur Hälfte aus Steinmauern. (...)

Die Stube war groß und geräumig, mit vier großen Fenstern. Ahnlmutter konnte sich hier nicht so begeistern. Sie dachte daran, wie schwer es im Winter sein würde, die Wärme zu halten, und überdies wäre es auch noch frevelhafter Übermut, Fenster einzurichten wie in einem Pfarrhof. Vater beschwichtigte sie sogleich und erzählte ihr von dem vielen Brennholz, das beinahe beim Fenster hereinwüchse, und eine Viertelstunde entfernt wäre ein Kohlenbrenner, mit dem ließe sich wohl auch reden, wenn er ihm Holz liefere. (...)

Großvater war ganz plötzlich verstorben. Bei einem seiner Waldgänge fiel er so unglücklich, daß er sich den Fuß brach. Er schleppte sich mühsam nach Hause. Ein Unwetter ging nieder, und er lag lange im Regen, eine Lungenentzündung folgte, und Großvater ging hinüber. Großmutter wurde noch stiller, wortkarger. In den Adventtagen legte sie sich ins Bett und stand nicht mehr auf. Mutter kam im Herbst von der Alm und kam nun endgültig in ihr eigenes Heim. Sie pflegte Ahnlmutter, so gut sie konnte. Doch Ahnlmutter war müde von dem langen Weg, den sie schon gegangen war. Am Stephanitag brachte ich ihr meinen Weihnachtslaib ans Bett, sie hatte gerade einen besseren Tag. Sie nahm den Laib, zeichnete das Kreuz drauf und schnitt den Scherz ab. Der Scherz, das Messer und der Laib fielen auf den Fußboden, und Großmutter lag tot auf dem Polster. So schnell ging das. Ich konnte das nicht glauben. Nun war Großvater tot und Großmutter auch. Großvater war in Altenmarkt begraben, und Großmutter sollte nun in Hüttau liegen.

Meine Mutter meinte, daß es nicht wichtig sei, wo der Leib liege, ihre Seelen wären aber im Himmel beisammen, wie es sich gehöre. Das glaubte ich auch gerne, und am Samstag beim Rosenkranzgebet beteten wir inbrünstig ein zusätzliches Vaterunser: „Für Vater und Mutter und alle, denen wir zu beten schuldig sind!"

Das Foto zeigt Johann Dürmosers Großmutter, Maria Dürmoser. Die Aufnahme ist mittlerweile in einem sehr schlechten Zustand, da Herr Dürmoser sie sein Leben lang in der Brusttasche getragen hatte.

# Diese unglückselige Frau ...

REINHOLD KLAUS

Reinhold Klaus wurde 1881 in Warnsdorf in Nordböhmen geboren und starb 1963 in Waidhofen an der Ybbs (er lebte bis 1948 in Wien). Er stammte aus einer armen Weberfamilie, der Vater war zeitweilig auch Maurer. Er selbst absolvierte zuerst die Webeschule in Warnsdorf, dann die Kunstgewerbeschule in Wien und wurde zuletzt Professor an der Hochschule für angewandte Kunst in Wien.

Im Alter schrieb er seine Lebenserinnerungen nieder. Im Anschluß an eine Radiosendung mit dem Titel „Jeder macht Geschichte" (1986) wurden sie von seiner Frau Cornelia Klaus der Dokumentation lebensgeschichtlicher Aufzeichnungen übermittelt.

Reinhold Klaus erzählt über die Großmutter väterlicherseits, die während seiner Kindheit und Jugend in Warnsdorf Ende des 19. Jahrhunderts zeitweise im Haushalt seiner Eltern lebte.

Die Großmutter hieß Franziska Brandel. Sie stammte aus dem kleinen sächsischen Grenzort Leutersdorf. Diese Großmutter habe ich noch gekannt und ganz klar in Erinnerung: eine kleine, gebückte Frau mit weißen Haaren, die den gelben, elfenbeinfarbenen Schimmer hatten, wie es bei sehr alten Leuten manchmal vorkommt. Sie stützte sich auf einen Stock und hatte immer den landesüblichen Korb auf dem Rücken. Mit ihrer Hakennase erinnerte sie mich an die Knusperhexe. Diese alte Frau hatte eine ebensolche Liebe zu mir wie ich Abneigung gegen sie, obwohl ich nicht wußte und es auch nicht verstanden hätte, daß sie der Ruin meines Großvaters und der ganzen Familie gewesen war. Als der Großvater noch die Gastwirtschaft besaß, hatte sie sich an Alkohol gewöhnt. Mit Likör hatte es angefangen. Die Wirtschaft verwahrloste. Sie verkaufte in Abwesenheit ihres Mannes das Vieh aus dem Stall und machte Schulden, so daß das ganze Anwesen verkauft werden mußte. Nur eine kleine Wohnung im Fachwerkhaus konnte als Ausgedinge erhalten bleiben. (...)

Großmutter hatte sich selbständig gemacht und einen kleinen Handel angefangen. Vielleicht schmuggelte sie auch. Sie kam oft tagelang nicht nach Hause, und niemals war sie nüchtern. Ihre beiden Kinder, mein Vater und seine Schwester, verwahrlosten. Als kleiner Bub mußte mein Vater oft die Schule versäumen und sich nach allerlei Verdiensten umsehen, auch die kleine Schwester betreuen. Daß aus dem Buben, meinem Vater, trotzdem ein tüchtiger und rechtschaffener Mensch wurde, war geradezu ein Wunder. Auch war er ein vortrefflicher Schüler und bekam sogar einmal das sogenannte „Prämium"; das war eine Medaille an einem blauen Band. Diese Auszeichnung durfte der Schüler ein Jahr lang beim Kirchgang oder bei besonderen Anlässen tragen, dann mußte sie wieder zurückgegeben werden. So wanderte die Medaille von Hand zu Hand. Die Großmutter aber war keineswegs beglückt über dieses Söhnlein. Sie maulte noch und verlangte, daß er das unnütze Ding sogleich wieder zurücktragen und etwas Vernünftiges verlangen sollte. Da erhielt er statt dessen ein schönes Buch, das aber sogleich wieder verschwand, weil es die Großmutter verkauft hatte. (...)

Diese unglückselige Frau verursachte meinen Eltern

in der Folge endlose Verdrießlichkeiten. Und wenn meine Mutter mit ihrem einfachen, rechtlichen Sinn wieder einmal über ihre vertrackten und bösartigen Streiche empört war, ergriff der Vater doch wieder ihre Partei und betonte immer wieder, sie sei eben trotz allem seine Mutter. Und als solche müsse er sie ehren und achten, was immer sie auch tue. Und sie trieb es manchmal sehr arg. Als wir unser eigenes Heim hatten und die Großmutter immer hilfloser wurde, nahmen meine Eltern sie bei sich auf. Es ging aber beim besten Willen nicht; sie kehrte von ihren Ausgängen stets betrunken heim und machte einen mächtigen Skandal. Als ihr dann der Ausgang verboten wurde, schickte sie mich kleinen Jungen mit einer leeren Flasche um Schnaps und wollte auch mich zum Trinken anlernen. Meine Mutter kam ihr jedoch bald darauf, es gab einen neuerlichen Auftritt, und schließlich wurde die Großmutter einfach zur Haustür hinausbefördert, der schwere Holzriegel vorgeschoben, und sie konnte draußen weiterschimpfen. Sie erweckte aber immer wieder in der ganzen weiten Nachbarschaft so viel Ärgernis, daß nichts anderes übrig blieb, als sie wieder bei uns aufzunehmen. Das Ganze wiederholte sich in ähnlicher Form mehrere Male. So verbreitete sie oft unwahre und unangenehme Gerüchte über uns, einmal auch, daß wir eine große Erbschaft gemacht hätten. Dann verschwand sie wieder einmal gänzlich und verbrachte mehrere Wochen im Krankenhaus, ohne daß meine Eltern davon wußten. Dort hatte sie angegeben, daß wir sehr reich wären, man solle uns nur die Kosten ihres Aufenthaltes recht hoch anrechnen. Nun wurde von meinen Eltern ein hoher Kostenbeitrag gefordert, und es waren viele

Gänge und Aufklärungen nötig, um die Sache auf ein gerechtes Maß zurückzuführen. Mein Vater mußte ja schwer arbeiten, denn es waren harte Zeiten, und auf dem Anwesen lasteten noch Schulden. Dabei war Großmutter ungemein bigott. Der resolute Dechant mußte sie einmal samt ihrer Schwester aus der Kirche hinauswerfen, um zusperren zu können. „Herr Pfarrer, an uns haben sie gute Wächter!" meinte sie. „Ich will gar keine solchen Wächter haben, geht heim und flickt euch was!" sagte seine Hochwürden.

Diese alte Frau tat uns durch ihre Ausstreuungen Abbruch, wo sie nur konnte. Sogar die Steuern trieb sie uns hinauf. Sie war für meine Eltern eine schwere Belastung, und sie konnten in kein halbwegs erträgliches Verhältnis zu dieser Großmutter kommen. Manchmal lauerte sie mir bei der Schule auf, fischte mich aus der Bubenschar heraus und bewirtete mich in einem Gasthaus mit Wein. Einmal ging sie mit mir in ein weit entferntes Grenzwirtshaus, wo ich Rotwein und schon etwas verdorbenen Schinken bekam. Durch eine darauffolgende schwere Magenerkrankung kam die Sache auf, und meine Eltern waren wiederum sehr empört. Manchmal führte sie mich auch in den Wald, wo ich ihr Holz klauben half. Ich sehe sie noch vor mir in dem kleinen, armseligen Stübchen, wie sie mit ihren welken, braungefleckten Händen, die an altes, modriges Pergament erinnerten, dürre Lärchenzweige mit vielen kleinen Zäpfchen knickte, um in dem alten, halb verfallenen Ofenherd zum Kaffeekochen einzuheizen. Die wirren, gelblichweißen Haare hingen ihr über die Stirn, darunter funkelten die scharfen Augen. Die gebückte, hustende Gestalt hatte für mich etwas Unheimliches und zog mich doch auch wieder an. Sie hatte mich sehr gerne und meinte es auf ihre Art gut mit mir. Als die Großmutter immer älter wurde, wollte die Mutter sie mit Gewalt wieder zu uns holen, teils aus wirklichem Erbarmen und auch, um dem Gerede der Leute ein Ende zu machen. Allein sie widersetzte sich stets, fühlte ihre Freiheit bedroht und blieb in ihrer kleinen Ausgedingewohnung.

Wir konnten aus unseren Fenstern gerade zu ihr über die Wiesen und Äcker hinabsehen. An einem schönen Sommermorgen saß ich mit meiner Mutter beim Frühstück, sonntäglich angezogen. Die Mutter hatte ihr schwarzes Seidenkleid an, es war St. Peter und Paul, der Tag unserer Kirchenpatrone, und wir wollten miteinander eine Eisenbahnfahrt nach Haida antreten, um alte Freunde zu besuchen. Die Morgenglocken läuteten in die klare Luft, der Tannenberg und der Tollenstein ragten im Morgensonnenduft über die Wälder. Wir betrachteten die friedlich-schöne Feiertagslandschaft, und plötzlich sahen wir aus dem Strohdach des großmütterlichen Hauses Rauch aufsteigen. Und schon liefen Leute über die Felder hinzu, als auch schon lichterloh Flammen hochschlugen. Meine resolute, tapfere Mutter sprang auf und lief zur Tür hinaus, die Wiesen und Äcker hinunter, ich ihr nach. Sie verschwand in der Haustür des brennenden Hauses und suchte die Großmutter. Als sie diese in ihrer kleinen, niedrigen Stube nicht fand, drang sie durch den ihr über die Holztreppe entgegenströmenden Rauch in die Schlafkammer, holte die alte Frau aus ihrem Bett, in dem sie noch geschlafen hatte, trug sie die Stiege hinunter, legte sie auf die Wiese und lief noch einmal zurück, um von ihren Habseligkeiten zu retten, was möglich war. Sie brachte jedoch nur ein auf Glas gemaltes Marienbild heraus, da es schon höchste Zeit war.

Dann trug sie die Großmutter wie ein Kind auf den Armen zu uns heim, und ich schleppte das Marienbild hinter ihr nach. Die Großmutter ging uns jedoch später wieder davon und verlebte ihre letzten Lebensjahre unter fremden Leuten. Ich kam dann in das Jungenalter, wo die eigenen Interessen stärker werden, und erinnere mich nicht mehr, wo dann die Großmutter eigentlich lebte. Sie starb hochbetagt in der Dachkammer eines alten Hauses in einem versteckten Ortswinkel, dem sogenannten „Schneckenzipfel", der sich den Mühlbach entlangzog. Die Mutter wurde, glaube ich, zu ihr gerufen. Mein Vater arbeitete damals in Zittau in Sachsen und konnte nicht gleich verständigt werden. Als er am Wochenende heimkam, war alles vorüber. Der Vater war tiefbewegt, stand oft in der Dämmerung am Fenster, von wo aus man jenseits der Stadt auf der Anhöhe den Friedhof liegen sah, und ließ, in Gedanken versunken, die Pfeife ausgehen. Er trauerte, trotz allem, sehr, während die Mutter förmlich erleichtert aufatmete, daß wir von dieser schweren Last und andauernden Sorge befreit waren. Es hatte wie ein Alp auf uns gelegen.

# ... das Lied meines Lebens

F R A N Z   O B E R G O T T S B E R G E R

Franz Obergottsberger wurde 1895 in Innersee im Hausruck-
viertel als uneheliches Kind einer Bauernmagd geboren und
wuchs bei seiner Großmutter Theresia Sittenthaler (geb. 1845)
auf.
Herr Obergottsberger war Lehrer und schrieb auf Drängen
seiner Söhne eine umfangreiche Familienchronik von ca. 2000
Seiten. Schon während der Zwischenkriegszeit hatte er Erzählungen seiner Großmutter in Form von Stenogrammen
festgehalten. Dr. Hugo Obergottsberger und Heinrich Obergottsberger sammelten die Lebenserinnerungen ihres verstorbenen Vaters.
Ein Teil der Aufzeichnungen wurde bereits 1984 im Band 4 dieser Reihe, „Mägde", herausgegeben von Therese Weber, publiziert.

Nun beginnt das Lied meines Lebens. Was ich aus
der frühesten Kindheit berichten kann, schöpfe ich
aus den Erzählungen jener, die in dieser Zeit um
mich waren, und aus dem Born meiner Erinnerungen. Den größten Anteil an beidem hat meine Großmutter Theresia Obergottsberger (geb. Sittenthaler),
für die ich die größte Liebe meines Lebens empfand
und hegte; an ihrem Grab blutet noch immer mein
Herz. Ihr Tod war ja das einzige Leid, das sie mir
verursachte. Denn was anderen die Mutter ist, das
war mir sie, und keine Mutter der Welt hat ihr Kind
inniger betreut und behütet als sie mich, ihr Enkelkind. Bei ihr habe ich nie gespürt, daß ich im Weg
wäre; sie hat mich nie die Verfehlung meiner Mutter

büßen lassen. In Innersee stand meine Wiege. Dort wurde ich im ersten Halbjahr so krank, daß der Gemeindearzt von Hofkirchen, der Bader Fischl, bei einem Blick in meine glasigen Augen erklärte: „Wenn ich morgen wieder komme, ist der Bub sicher tot!" Ob meine Großmutter mir nach dieser Feststellung etwas „angebracht" hat, zu einer Wendterin gegangen ist, oder ob sie ihre Zuflucht zum Gebet genommen hat, wie sie es meistens tat, weiß ich nicht; aber das habe ich von ihr erfahren: daß der Doktor sehr erstaunt war, als er mich am anderen Tag frisch und munter vorfand. Nach 1896 übersiedelten meine Großeltern nach Hofkirchen an der Trattnach in das Gartnerhaus. Ich erinnere mich recht gut an die Wohnung, die aus einer Stube (Wohnküche) und einer Kammer bestand. In der Stube war eine Herrgottsecke, im Winkel ein Kreuz, rechts ein Herz-Jesu- und links ein Herz-Marien-Bild. Sie waren noch nicht so kitschig wie spätere Drucke und hatten auch noch keine so schreienden Farben. Vor der Ekke stand ein Tisch mit einer harten Platte und einer Schublade, an der Wand eine Eckbank. Das wurde mir oft zum Verhängnis. Wenn nämlich draußen etwas los war, konnte ich nicht genug schauen, und ich lief von einem Fenster zum anderen. Der Abstieg zur niederen Bank glückte ja immer, aber die Rückkehr meist nicht. Ich stolperte und fiel in die Stube. Wie oft mußte da die Großmutter eine Beule blasen, damit ich mich wieder beruhigte. (...) Zur Benutzung hatten wir auch noch einen Teil des Dachbodens. Dort hatte der Großvater seine besseren Sachen und Erinnerungsstücke in einer Truhe aufbewahrt, eine zweite barg das gute Gewand der Großmutter, ihre Kittel und Schösselröcke, die

Schaltücher und die Umhängetücher, die im Winter den Mantel ersetzten, und die seidenen Kopftücher. Was sie besaß, war billig, aber es war sauber und in guter Ordnung gehalten. Oft mußte ich ihr vor den Feiertagen meinen Kopf hinhalten, damit sie auf ihm ihr Kopftuch schön binden konnte. Daß die Flügel des Tuches fein standen und nicht hingen, das war dabei die Hauptsache. (...)

Als ich noch nicht gehen konnte, nahm mich die Großmutter im Kinderwagen mit, wenn sie irgendwo als Tagelöhnerin arbeitete. Es war für sie nicht leicht, schon zeitig in der Früh den Kinderwagen eine halbe Stunde oder gar drei Viertelstunden vor sich herzuschieben, besonders auf den schlechten Bauernstraßen mußte sie sich plagen. Müde kam sie an, und dann ging die harte Arbeit den ganzen Tag bis Sonnenuntergang durch. Die anderen rasteten, sie aber mußte den Rückweg antreten und dann noch die Milch für mich holen und abkochen. Und doch hat sie alles geduldig und ohne Murren getan, weil sie alles unter ihr Tagesmotto stellte. Sie stieg aus dem Bett, tauchte ihre Finger in den Weihwasserkessel, machte ein Kreuz und sagte schlicht: „In Gottsnam!" Ich habe keinen Menschen mehr getroffen, der sich so tief wie sie in den Willen Gottes ergeben hätte. Als ich gehen konnte, mußte ich zu Fuß mitlaufen.

Weil das aber zu lange gedauert hätte, saß ich bald auf dem Rücken der Großmutter. Sie hielt meine Beinchen, und ich schlang meine Arme um ihren Hals. Das nannte man Buckelkraxentragen. Auf diesen Wegen hat mir die Gute auch noch Gottes Natur erschlossen. Den Traunstein habe ich so kennengelernt. Sie sagte in ihrer schlichten Art: „Schau,

Franzl, des is da Trau(n)stoa! Siagst an Kopf? Das is da Kopf von an französischen Kini (König), der verstoanert warn is!" (...)

Die Großmutter war eine Frühaufsteherin. Wenn wir Kinder - meine Schwester Poldi und ich - unsere Augen öffneten, war unser Frühstück schon fertig. Es war immer gleich: Ein Schüsserl Malzkaffee, in den Brot eingebrockt war. Oft brachte uns die Großmutter das Frühstück ans Bett. Sie war ja herzensgut und ersparte uns alles, was uns irgendwie beschwert hätte. Der Vormittag verstrich mit den Geschäftsgängen, auf denen wir die Großmutter begleiten durften. Als wir etwas größer wurden, schickte sie uns zum Bäcker oder Krämer, da sie selbst mit Waschen oder Flicken genug zu tun hatte. Das Mittagessen bereitete die gute Großmutter einfach und geschmackvoll. Einige Speisen mundeten mir so, daß ich mir einbildete, daß keine Köchin sie so gut herrichten konnte wie die Ahnl. Ihre Leberknödel waren ein Gedicht. Ihre „Mäutaschn" (ausgerollter, über einer Apfelfülle gefalteter Blätterteig) machten mich noch im Petrinum glücklich. Ganz ähnlich schmeckten die Apfeltascherln (aus einem Stück quadratischen Blätterteigs, der mit den vier Ecken über ein Stück geschälten Apfel gelegt war). Ihre Rahmnudeln kochte ich später nach ihrem Rezept im sibirischen Backofen. Eine ganz große Freude hatte ich an ihren verschiedenen Schmarren und an ihrem Apfelstrudel, weil es da für mich immer die Rein (Pfanne) zum Ausputzen gab. Wie gerne schaute ich ihr bei den Vorbereitungen zum Kochen zu, als ob ich geahnt hätte, daß ich die Kenntnisse ihrer Arbeit einmal brauchen könnte. Manchmal durfte ich auch etwas bringen. Wenn sie Leberknödel vorbereitete, hieß sie mich das „Wiagbrett" holen; das war ein Stück Eichenbrett, auf dem sie alle Zutaten wie Leber, Fett, Zwiebeln und Knoblauch mit dem Wiegemesser sorgfältig zerkleinerte. Heute macht das die Fleischmaschine schneller und müheloser. Ich sehe ihre lieben Hände beim Ausziehen des Strudelteiges vor mir. Ihre knusprig gebackenen Erdäpfelnudeln aßen wir gern. Und was für Bunkel (Kuchen aus Germteig) backte sie! (...) Oft gingen wir auch in den Wald um Beeren. Die Strohdeckerres, so wurde die Großmutter genannt, wußte alle Plätze, wo es Hoawa (Heidelbeeren), Moiwa (Himberren) und Brauwa (Brombeeren) zu pflücken gab. (...)

Wenn es Abend wurde und die Dämmerung niedersank, begann für uns die seligste Zeit. Die Großmutter arbeitete dann nicht mehr, und so saß sie bei uns im Herrgottswinkel und erzählte Geschichten. Und sie konnte erzählen. Ganz still hielten wir uns und schmiegten uns eng an sie. Wenn die Erzählung besonders spannend wurde, dann umfing sie uns mit ihren Armen, und wir spürten die mollige Wärme ihres Leibes und waren glücklich. Später saßen wir auf einem Schemel vor dem Herd. Die Großmutter hatte eingeheizt, Milch und Kaffee aufgesetzt und wartete, bis alles kochte. Das dauerte bei dem spärlichen Feuer eine geraume Zeit, und Großmutter erzählte weiter. War alles aufgekocht, dann leerte die Großmutter den Milchkaffee zusammen, holte das Brot aus der Truhe, schnitt Scheiben ab, die sie in der Mitte teilte, aufeinanderlegte und nach einer bestimmten Weise in die Schüsseln brockte. Dann ließen wir die Brocken etwas ziehen. Wenn die richtige Zeit vergangen war, das spürte die Großmutter genau, wurde die Petroleumlampe angezündet und auf den Tisch gestellt. Mit richtiger Andacht löffelten wir alle die Suppe aus und waren froh wie Könige nach einem leckeren Mahl. „Vergelt's Gott!" sagte die Großmutter, versorgte das Geschirr und richtete alles zum Bettgehen her. Sie benetzte unsere Stirn mit Weihwasser und zeichnete uns ein Kreuz auf Stirn, Mund und Brust. Dann knieten wir an der Bank und beteten unser Abendgebet. Mit Großmutters Hilfe zogen wir uns aus, legten unsere Sachen ordentlich zusammen, gaben der Hilfreichen noch ein Busserl und hüpften ins Bett. Durch die offene Tür gingen noch Worte hin und her, aber nicht lange. Die Großmutter betete, wenn wir verstummten, ihren Rosenkranz. Durch unsere Träume aber gaukelten die Gestalten und Geschichten des Abends. (...)

Die Geschichten und Märchen, die Großmutter an manchen Abenden erzählte, machten nicht nur auf mich, sondern auch auf meine Schwester Poldi großen Eindruck. Das konnte ich viele Jahre später, als Großmutter schon längst tot und Poldi eine erwachsene Frau war, immer wieder feststellen. Damals fuhren meine Kinder Jahr für Jahr in den Sommermonaten nach Hofkirchen zu ihrer Tante, um dort die Ferien zu verleben. Ich selbst saß dann oft dabei, wenn meine Schwester Poldi den Kindern die Geschichten, die wir von Großmutter zu hören bekommen hatten, in der Dämmerstunde mit denselben Ausdrucksmitteln, mit demselben Tonfall und mit demselben Schauder in der Stimme berichtete, mit dem uns einst unsere Großmutter gefesselt und fasziniert hatte. Ich bin überzeugt, daß meine Kinder ein ähnliches Gruselerlebnis hatten wie seinerzeit

Poldi und ich, als wir nach den Erzählungen der Großmutter zitternd und frierend vor Angst die Wärme und den Schutz der Erwachsenen suchten. Denn nicht selten waren es echte Schaudergeschichten, Moritaten, die Großmutter in unsere Ohren stopfte, und manchmal auch sehr realistisch-grausige, wie etwa die vom „Rasselbinder":

Einmal ging eine junge Frau zum Beerensammeln in den Wald. Sie war so sehr in das Brocken der Heidelbeeren vertieft, daß sie gar nicht merkte, wie ein Rasselbinder des Weges kam. Dieser aber sah das hübsche Weib und schlich auf es zu. Von hinten fiel er über die Arme her, die vor Schreck die Besinnung verlor. Er riß der Halbtoten die Kleider vom Leib und schleppte sie zu einem Baum. Dort fesselte er sie an Armen und Beinen an den Stamm. Als sie aus ihrer Bewußtlosigkeit erwachte und zu schreien versuchte, hielt er ihr den Mund zu, bis sie nicht mehr schnaufen konnte. Nun zog er ihr die Zunge aus dem Mund und durchbohrte sie mit Draht, den er um den Baum schlang. Fürchterlich zugerichtet fanden die Leute nach einigen Tagen die Leiche. Daß er die Frau auch vergewaltigt hatte, das sagte uns die Großmutter nicht. (...)

Gerne hatte sie auch eine kleine Biblische Geschichte vor sich liegen und legte in uns einen Glauben fest, der alle späteren Irrwege wieder geradebog. An manchen Abenden hatte sie eine Schiefertafel auf ihren Knien liegen und zeichnete mit einem Griffel das auf, was wir verlangten. Tiere, Bäume und Häuser entstanden da, wohl ganz kunstlos und einfach, aber für uns waren sie Wunder. In recht heimeligen Stunden aber breitete sie ihr eigenes Leben vor uns aus: Wir gingen durch ihre schwere Kindheit, durch ihre harte Jugend und ihr armes Leben voll Arbeit, Mühe und Kummer. Nie kam eine Klage oder Anklage über ihre Lippen. Ihre letzte Erklärung war immer die: „Der Herrgott woaß scho, warum!"

Die Großmutter und der Großvater Franz Obergottsbergers.

# ... die weisen Frauen der Vorzeit

FERDINAND CHALOUPEK

Ferdinand Chaloupek wurde 1900 in Fichtau bei Neubistritz in Böhmen, geboren und starb 1988 in Krems, NÖ. Sein Vater war Steinmetzgehilfe und Gewerkschaftsfunktionär. Herr Chaloupek verbrachte seine Kindheit in Böhmen. Seine Großmutter mütterlicherseits, Franziska Hruza (1852-1928), lebte damals zeitweilig im Haushalt seiner Eltern. Er war später Lehrer und von 1959 bis 1966 Abgeordneter zum Nationalrat der Republik Österreich.

Im Alter verfaßte er seine Lebenserinnerungen für die Öffentlichkeit. Sie wurden unter dem Titel „Lehrerleben am Land" 1986 und „Erkennungsmarke 2132 oder: Sarajevo und die Folgen" 1987 publiziert. Ein Teil seiner Kindheitserinnerungen war auch bereits 1985 im Band 7 dieser Reihe, „Hände auf die Bank. Erinnerungen an den Schulalltag", herausgegeben von Eva Tesar, erschienen.

Die folgenden Seiten umfassen den Großteil des bisher unveröffentlichten Kapitels „Die Großmutter" aus seiner Autobiographie.

Mein Vater war 1899, im Jahr seiner Eheschließung, als Steinmetzgehilfe im niederösterreichisch-böhmischen Grenzgebiet in Arbeit und kam meist nur an den Samstagen nach Hause. Das junge Paar wohnte anfänglich in einer Stube des Kubin, genannt „beim Schneider", dem Elternhaus der Großmutter. Als der junge Ehemann wieder einmal zum Wochenende daheim einkehrte, fand er in dem kleinen Nest seine Schwiegermutter vor, mit ihren zwei Söhnen, Johann, vierzehn Jahre, und Rudolf, elf Jahre alt. Sie hatte wieder einmal ein Zerwürfnis mit dem Jordan, ihrem Mann, das diesmal aber so tiefgehend war, daß sie ihn kurzerhand verließ und zu ihrer jungverheirateten Tochter zog, ohne vorher ihren Schwiegersohn, meinen Vater, um seine Einwilligung zu befragen. Nach einigen Wochen erfolgte zwar die Aussöhnung der Gatten, doch mit dem Ergebnis, daß nun auch der Jordan bei meinen Eltern wohnte, denn das Haus, das er bisher besessen hatte, war infolge völliger Verschuldung verkauft worden und in den Besitz der Familie Modaschl übergegangen, mit der meine Großmutter deshalb zeitlebens verfeindet blieb. So klein die Wohngelegenheit „beim Schneider" war – was blieb letzten Endes meinem Vater übrig, als ja zu sagen und den unerbetenen Zuzug zu dulden. Meine Großmutter war ein fromme Frau, aber es war ihr nicht gegeben, eine ihr zugefügte Kränkung wieder zu vergessen und zu verzeihen, was ihren Charakter manchmal widersprüchlich erscheinen ließ. Es verdroß sie nicht, in der kalten Vorweihnachtszeit frühmorgens in noch stockdunkler Nacht den weiten Weg zur Rorate in die Kirche nach Neubistritz zu gehen sowie am Sonntagnachmittag die Segenandacht zu besuchen, auch wenn sie am Vormittag der Messe beigewohnt hatte. Befand sie sich am Freitagnachmittag auf freiem Feld, wenn in der nahen Dorfkapelle zum Gedenken an den Kreuzigungstod Christi die Glokke geläutet wurde, hielt sie inne mit der Arbeit und richtete sich auf zu einem stillen Gebet. Des öfteren nahm sie an Wallfahrten teil nach dem Gnadenort Kloster bei Neubistritz, wohin ich sie einmal begleiten durfte. (...)

Andere von meiner Großmutter aufgesuchte Wallfahrtsorte waren Bründl und Chlumetz, auch Rimau,  zwischen Budweis und Kaplitz gelegen. Da sehe ich sie aufbruchsbereit in einer losen Menschenmenge auf der Straße vor dem Hause stehen, während ihre Schwiegermutter, die Lenz'n Resei, ein verhutzeltes Weiblein über achtzig, immer wieder auf sie einredete und sprach: „Bet auch für mich, Franzerl! Bet auch für mich!" Worauf die Franzerl schroff erwiderte (die beiden Frauen mochten einander nicht): „Ich hab es schon gehört."

An einem Donnerstagnachmittag war es, als ich junges Studentlein mit ihr auf der Straße von Fichtau nach Litschau unterwegs war, daß uns der Pfarrer von Haugschlag entgegenkam, den ich bis dahin nicht kannte. Die Großmutter aber eilte auf ihn zu und küßte ihm ehrerbietig die Hand, worauf er mit ihr einige freundliche Worte wechselte, während ich jünglingsstolz und grußlos weiterging, was ihr begreifliches Mißfallen erregte. Zu ihrem Wesen paßte es auch, daß es ihr schwerfiel, einen Schimpf auf uns Kindern sitzen zu lassen. Als ich einmal hinter dem Hause die Kuh weidete, ging aus einem der Nachbarhäuser ein um etliche Jahre älteres Mädchen vorbei und rief mir in offensichtlich feindseliger Haltung zu: „Demokrat!" Nun ahnte ich zwar, daß mein Vater „anders" als die meisten Dorfbewohner war, wußte jedoch nicht, was für eine Bewandtnis es mit diesem Wort hatte, empfand es aber gleichwohl als Schimpf und erzählte den Vorfall der Großmutter, die das einfältige Ding, als es bald nachher wieder zurückging, zur Rede stellte und barsch zurechtwies, worauf sie errötete und schweigsam weiterging.

Ich erinnere mich nicht, daß ich von ihr jemals Schläge bekommen habe oder ausgezankt worden bin. Sie zeigte mir, wie man einen Knoten knüpft, was ihr einige Geduld abforderte, und lehrte mich, die eßbaren Pilze von den giftigen zu unterscheiden, wenn die Zeit des Schwammerlsuchens in den Wäldern gekommen war. Als weise Erzieherin bewährte sie sich, als ich sie - ich mochte acht oder neun Jahre alt gewesen sein und befand mich mit ihr allein in der Stube - unvermittelt einmal fragte: „Großmutter, was heißt denn das: ‚Du sollst nicht Unkeuschheit treiben!'?" Wir hatten im Religionsunterricht die Zehn Gebote Gottes gelernt, das sechste aber hatte es mir angetan. Sie schien augenblicklich etwas verwirrt, antwortete aber nach einer Weile: „Wenn Du älter bist, wirst Du es schon wissen, Ferdinand." Ich gab mich zufrieden mit der Antwort und stellte keine weitere Frage mehr.

Ging ich mit ihr „ins Holz", um für den Winter Brennmaterial zu holen, hatte sie meist eine lange Stange mit, an deren dünnerem Ende eine Sichel befestigt war, mit der sie von den Bäumen die dürren Äste herabriß, die ich zu einem oft mächtigen Bündel aufhäufte, das sie dann zusammenschnürte und auf dem Rücken nach Hause trug. In der ersten Hälfte des Jahres 1909, während der meine Eltern mit den beiden jüngeren Geschwistern schon in Teplitz-Schönau wohnten, mein Bruder Hans und ich aber der Schule wegen in Fichtau verblieben waren, hatte sie an den Sommerabenden mit uns zuweilen ihre liebe Not, wenn wir zusammen mit den Nachbarkindern am Fangenspiel auf dem Rasen und den glatten Steinen um das granitene Kreuz nicht genug bekommen konnten, auch wenn es schon zum Gebet geläutet hatte. Doch da wir den ganzen Tag bloßfüßig gelaufen waren, hieß es vor dem Schlafengehen noch, die Füße zu waschen, und da half kein Widerreden, da wir sonst den „Bamhackel" bekämen. Als wir dann endlich zur Nachtruhe zur Großmutter ins Bett geschlüpft waren, vergaß sie nicht, das Abendgebet zu verrichten, dem wir andächtig zuhörten:

„In Gottes Namen gehen wir schlafen.
Vierzehn Engel sollen bei uns wachen.
Zwei zu unserer Rechten,
zwei zu unserer Linken,
zwei zu unseren Häuptern,
zwei zu unseren Füßen,
zwei, die uns decken,
zwei, die uns wecken,
zwei, die uns weisen
in das himmlische Paradeisen."

Als sie nach dem so frühen Tode meiner Mutter bei uns den Haushalt versehen und an uns Halbwaisen die Mutterstelle vertreten mußte, geschah es, daß ich, der damals Siebzehnjährige, mich einmal unwillig über ihre Haushaltsführung äußerte und sagte: „Glaubst du, daß der Mutter immer alles recht war, was du getan hast?" Da antwortete sie, aufs höchste aufgebracht und ein ums andere Mal die Arme ringend, daß mir angst wurde: „So? Heilige Mutter Gottes! Das muß ich jetzt erst hören! Na wart, Nani!" Und dabei deutete sie zum Küchenfenster hinaus auf den Friedhof: „Dir gehe ich nicht mehr aufs Grab!" – und hat es gehalten bis zu ihrem Tode. Als Student liebte ich es, beim Lernen der uns aufgetragenen Lektionen in der Küche auf- und abzugehen und mir den Text des Buches halblaut vorzusagen, wobei ich mich zuweilen unterbrach und ein Lied für mich hinsang, so auch an einem schulfreien Vormittag das Lied:

„Schön ist die Jugend bei frohen Zeiten,
schön ist die Jugend, sie kommt nicht mehr.
So hört' ich oft schon von alten Leuten
und seht, von denen weiß ich es her."

Da unterbrach ich mich, denn es war Krieg, Trübsal und Not an allen Ecken und Enden, die Mutter tot und der Vater unter den Soldaten, und ich fragte: „Großmutter, ist die Jugend wirklich so schön?" Sie stand am Herd, sah mich - halb zu mir gewendet - für die Weile eines Augenblickes bedeutsam an und sprach: „Ja! Glaube es! Die Jugend ist schön." Gleichwohl sang ich nicht mehr weiter. Ein andermal - aus welchem Anlaß weiß ich nicht mehr - fragte ich sie, ob sie auch noch eine Mutter haben möchte. Sie schien darüber sichtlich erstaunt und antwortete: „ O ja! Und ich würde ihr viel erzählen", was mich fast betroffen machte. Was mochte sie, die mir mit ihren 62 Jahren eine alte Frau zu sein dünkte, auf dem Herzen haben und ihrer Mutter erzählen wollen? Fast fühlte ich mich als Angeklagter. Zuweilen erinnerte mich ihr Gehaben an die weisen Frauen der Vorzeit. Sie verstand sich darauf, Hühneraugen durch „Besprechen" zu heilen, wußte von der Trud und ihrem langen Schnabel zu erzählen und sagte nie Dienstag, sondern „Iritag" (Ertag) und „Pfingsta" statt Donnerstag. Auf altgermanische Vorstellungen und eine durch Jahrtausende bewahrte Überlieferung mag es zurückgehen, daß die Asche des Sonnwendfeuers für besonders fruchtbringend gehalten wurde. Auch meine Großmutter wußte um den Ackersegen und mißgönnte es daher der Modaschlin, ihrer Feindin, daß diese ihr einmal zuvorgekommen war und schon vor Tagesanbruch die Asche eingesammelt hatte: „Die Gierige!"

Als ich sie einmal fragte, wie das „Besprechen" vor sich gehe, begann sie bereitwillig, es mir als wiederholtes Bekreuzigen und Anrufen der Mutter Gottes zu erläutern, wobei man, sagte sie, die zu heilende Stelle mit der flachen Hand berühren müsse. Nun war ich aber noch zu jung, um die nötige Abgeklärtheit aufzubringen, so daß ich mich eines leichten Schmunzelns nicht enthalten konnte, was sie bemerkte, sich jäh unterbrach und sagte: „Du lachst? Dir erzähl ich nichts mehr!"

Sie wußte zu berichten, wie sie als vierzehnjähriges Mädchen während des Krieges im Jahre 1866 eines Morgens beim Überschreiten eines Steges plötzlich einem der gefürchteten Preußen gegenübergestanden und so erschrocken gewesen sei, daß sie keinen Tropfen Blut gegeben hätte, bis der Soldat sie ansprach und freundlich mit ihr redete. In ihren jungen Jahren ist sie noch am Webstuhl gesessen, bis sich die Hausweberei nicht mehr lohnte und die Webstühle aus den Wohnungen entfernt wurden. (...)

Wer die größere Schuld hatte, sie oder der Jordan (ihr Ehemann), daß es sich die beiden Ehegatten so schwermachten im Leben - wer vermochte es gerecht abzuschätzen? Wer konnte es ihr verübeln, daß sie es nicht stillschweigend hinnahm, wenn der Jordan am Samstag abend angeheitert aus dem Wirtshaus kam und mit den schmutzigen Stiefeln in die frisch gescheuerte Stube kam? Der Jordan, eben auch kein Heiliger, ging hinaus, kam mit einem Rutenbesen zurück, den er in die Jauche eingetunkt hatte, und fuhr damit auf dem Fußboden herum, indem er sagte: „Ich werde euch ausreiben." Sie sei ihm weder zu wenig schön noch zu wenig arbeitsam, pflegte der Jordan gelegentlich am Wirtshaustisch zu sagen, aber fünf Gulden gäbe er her für das Kräutel, wenn es ihm einer brächte, daß man ihr den „Grant" austreiben könne. Am Christtag des Jahres 1899 war es, daß in das Gasthaus zu einem „Strikkerkränzchen" eingeladen worden war, dessen Besuch aber von den Veranstaltern an die Bedingung gebunden war, daß jeder Mann mit seiner Ehehälfte zu erscheinen habe. Auch der Jordan wollte sich diese Unterhaltung nicht entgehen lassen und bat seine Frau, mitzukommen. Da es aber voher wieder Verdruß zwischen den Eheleuten gegeben hatte, war die Franzerl dazu nicht zu bewegen, so sehr der Jordan auch bat, sie antwortete immer nur mit den gleichen Worten: „Ich mag nicht! Geh allein!" So ging der Jordan allein, wurde aber deshalb in die Gaststube nicht eingelassen und mußte mit der Küche vorliebnehmen; er trank ein Gläschen Branntwein nach dem anderen und begab sich - es mochte lange nach Mitternacht gewesen sein - nach Hause. Nun gab es im selben Jahr einen überaus schneereichen Winter, und vor dem Haus, wo nunmehr auch meine Eltern wohnten, hatte der Wind einen mächtigen Hügel angeweht, über den man drübermußte, wenn man ins Haus gelangen wollte.

Der Jordan aber, vom Branntwein schwer, rutschte immer wieder aus und fiel nieder, so daß er ermüdete und zuletzt nicht mehr die Kraft fand, wieder aufzustehen. Nachbarn wollen ihn rufen gehört haben: „Franzerl, steh auf! Hörst du mich denn nicht, Franzerl?" Nein, die Franzerl hörte ihn nicht, und so blieb der Jordan zuletzt im Schnee liegen. Als am Stephanitag früh meine Eltern von der Unterhaltung nach Hause gingen und sich dem Hause näherten, blieb meine Mutter plötzlich wie gebannt stehen und rief: „Jesus Maria! Da liegt ja jemand! Mein Gott, der Vater!" Da es auch nachts wieder geschneit hatte, war der Jordan mit einer leichten Schneehülle überdeckt und war, da er nach einer letzten Kraftanstrengung nicht mehr aufzustehen vermochte, eingeschlafen und erfroren, 48 Jahre alt.

Als die Großmutter Witwe geworden war, fuhr sie manchen Sommer zur Erntezeit ins „Estrei", (nach Österreich) und verdingte sich bei einem Bauern zum Schnitt. Als die Großmutter zur Herbstzeit auf Einladung eines Bauern im Weinland einmal auch zur Weinlese gefahren war, brachte sie uns Weintrauben mit. Es war das erste Mal, daß ich diese köstliche Frucht kennenlernte und mich nicht genug daran gütlich tun konnte.

Als sie im Jahre 1911 an einer Leberschwellung erkrankte, holte sie meine Mutter von Fichtau nach Teplitz, wo sie sich bald wieder erholte und gesund wurde. Um dieselbe Zeit war mein sechsjähriger Bruder Karl an Diphtherie gestorben, so daß es für meine Mutter ein Trost war, die Großmutter an ihrer Seite zu wissen.

Meine Schwester Marie aber, ein Kind von vier Jahren, hatte sich schon von ganz klein auf als äußerst schwierig und eigensinnig erwiesen. Da verlangte sie einmal ein Stück Brot, worauf die Großmutter sagte: „Komm her, ich schneid dir eins ab!" Das Kind aber antwortete: „Von dir will ich keins", was die Großmutter aufs höchste aufbrachte. Anscheinend hatte sie erwartet, daß das Kind nun von der Mutter für diese Ungezogenheit gehörig gestraft werde, was jedoch nicht geschah. Da packte sie ihre Sachen und fuhr am nächsten Tag nach Hause, so

Die Großmutter Ferdinand Chaloupeks.

sehr auch meine Mutter bat, daß sie noch bleiben
solle. Ihre Empfindsamkeit und ihr nachträgerisches
Wesen hinderten sie, die ihr angetane Beleidigung
zu verzeihen und die Unart des Kindes zu überse-
hen. Ihre letzten Lebensjahre verbrachte sie in der
Familie ihres Sohnes Rudolf in Fichtau. Sie hat ihren
Mann, den Jordan, um 28 Jahre überlebt und ist im
Morgengrauen des Peter- und Paulstages des Jahres
1928, 75 Jahre alt, sanft und schmerzlos hinüberge-
schlummert. Noch sehe ich den schmächtigen Kör-

per im schwarzen Gewand starr und stumm auf dem Laden liegen, auf einem Hocker daneben ein Büschelchen Getreideähren in einem Glas mit Weihwasser, die tausendmal abgearbeiteten Hände mit einem Rosenkranz über der Brust gefaltet, während man in dem angrenzenden Raum betete. Am Vormittag des dritten Tages nach ihrem Hinscheiden wurde sie auf dem Friedhof in Neubistritz bestattet. Ihr Heimgang hat mich überaus schmerzlich getroffen. Wenngleich mein Vater mit ihr nicht im innigsten Einverständnis lebte: mir war sie trotz allem immer die Großmutter gewesen.

# Taglöhnerin,
## und das im Alter von 65 Jahren

JOSEF RICHTER

Josef Richter wurde 1914 als außereheliches Kind einer Bauernmagd aus Eigenfließen bei Ernsthofen (Oberösterreich) geboren
und zunächst einer älteren Frau zur Pflege gegeben. Im Alter
von zweieinhalb Jahren holte ihn sein Vater während eines
Feldurlaubs von dort ab und brachte ihn zur Großmutter mütterlicherseits (1852-1946), bei der er von 1916 bis 1922 lebte.
Nachdem Herr Richter 1985 eine Radiosendung über das Leben
von Dienstboten in früheren Zeiten gehört hatte, schrieb er eine
umfangreiche Autobiographie. Die Erinnerungen an die Großmutter sind Teil dieser Aufzeichnungen, in denen Josef Richter
über sich als Kind in der dritten Person als „Peperl" erzählt.

Nach der endgültigen Verabschiedung von der
Pflegefrau wanderten Peperl und sein Vater entlang
des Ennsflusses auf einem Steindamm in Richtung
Rubring, wo die Mutter in einem Bauerngasthaus
beschäftigt gewesen ist und zu der sie nun gehen
wollten. (...)
Dort wurden sie schon von der Mutter und der
Großmutter erwartet, weil es ab nun die Großmutter
übernommen hatte, die beiden Kinder zu sich zu
nehmen. Die Großmutter lebte mit ihrem zweiten
Mann als Taglöhnerin in einem kleinen Häuschen
bei einem Bauern in der Nähe von St. Georgen an
der Gusen. Sie hielt sich mit ihrer Tochter und dem
Vater der Kinder noch einige Tage im Gasthaus auf.
Der Vater mußte bald wieder ins Feld zu seiner

Truppe, und die Mutter mußte arbeiten gehen. Die Großmutter wanderte dann mit den Kindern zu Fuß von Rubring bei St. Valentin in Niederösterreich über Enns nach Mauthausen an der Donau, weiter über Langenstein nach Gusen und von dort auf einem steilen Karrenweg hinauf zum Steinmeißl-Häusl. In diesem Häuschen durfte sie wohnen, weil sie bei dem Bauern, dem es gehörte, als Taglöhnerin arbeitete.

Die beiden kleinen Kinder hatte sie in einem hochrädrigen Korbkinderwagen verpackt und oben darauf die kleinen Habseligkeiten gelegt, die man ihr für die beschwerliche Reise mitgegeben hatte. Von Rubring bis Gusen waren immerhin ca. 15 km auf Schotterstraßen und von dort noch ca. 3 km auf dem ausgefahrenen Karrenweg zu bewältigen. Und das von einer Frau im Alter von etwa 65 Jahren, die noch bei Bauern als Taglöhnerin arbeiten mußte, um ihren Lebensunterhalt aufzubessern. Dies war deswegen notwendig, weil ihr zweiter Mann als Steinmetz in Mauthausen arbeitete und nie viel Geld heimgebracht hat. Er blieb die ganze Arbeitswoche in einer Steinbruchbaracke und kam nur zu den Wochenenden, und auch das nur sehr selten, nach Hause. Ihr erster Mann war Flößer in Au an der Donau gewesen und verunglückte tödlich bei seiner schweren Arbeit. Erst am späten Nachmittag ist die Großmutter mit den beiden Kindern in ihrem Häuschen angekommen, hat schnell für alle eine warme Einbrennsuppe gekocht, die Kinder in einem provisorischen Bett zusammengelegt und sich selber auch zur Ruhe begeben.

Das Steinmeißl-Häusl bestand nur aus einem großen Wohnraum mit zwei kleinen Fenstern und einem kleineren Schlafraum mit nur einem Fenster. Vom Hauseingang betrat man zuerst einen Flur mit einem Fußboden aus gestampftem Lehm, an dessen Ende sich ein Fallklosett befand. Links vom Gang ging man in den Wohnraum und rechts davon in die Holzhütte, den Ziegen- und Hasenstall und zur Wasserpumpe, die praktischerweise damals schon ins Haus eingebaut worden ist. Vor dem Häuschen war ein großer Gemüsegarten, und in der Nähe standen einige Obstbäume. Dieser zwar sehr einfachen, aber idyllischen Wohnmöglichkeit konnte sich die Großmutter leider nur drei bis vier Jahre erfreuen, weil sie aus Krankheits- und Altersgründen ihre Arbeit nicht mehr voll leisten konnte und weil sie von ihrem Mann verlassen worden war. Dieser hatte sich inzwischen in Mauthausen bei einer anderen Frau niedergelassen.

Ein in das Leben der beiden Kinder einschneidendes Ereignis war der Tod des Vaters, der 1917 einer schweren Kriegsverletzung erlag. Die Mutter heiratete bald darauf einen Mann in Rubring, von dem sie ein Kind erwartete. Dieser Mann war aber nur bereit, das Mädchen in die Ehe mit zu übernehmen, und der Bub mußte weiterhin bei der Großmutter bleiben. Das war, wie später noch beschrieben wird, für ihn ein großes Glück.

Die Großmutter mußte aus dem Taglöhnerhäusl ausziehen und wurde nun mit dem inzwischen schon größer gewordenen Peperl in das Armenhaus bei Gusen eingewiesen. Dieses Armenhaus wurde nun für mehrere Jahre zur Heimat für die alternde Frau und den Buben. (...)

Der Großmutter mit dem Peperl wurde eine straßenseitige Einraumwohnung zugewiesen, nachdem diese durch den Tod der Vorbesitzerin freigeworden war. In dieser Armenhausgesellschaft lebten nun die beiden einige Jahre nach dem Ersten Weltkrieg und erlebten die große Notzeit von 1919 bis 1922 hier gemeinsam mit den Bewohnern dieses Hauses, das zur Gemeinde Langenstein gehörte. (...)

Der Winter 1920/21 war sehr streng und brachte viel Schnee, so daß die im Sommer gesammelten Brennholzvorräte bald zur Neige gingen. Da mußte dann die Großmutter mit ihrem Peperl in die nahegelegenen Wälder Holz sammeln gehen. Mit einem alten Brettlschlitten zogen beide los und sammelten im Kastenhuberholz die dürren Äste und die trockenen Tannen- und Fichtenzapfen. Jede Woche war das einmal notwendig, denn viel länger reichte so eine Schlittenladung nicht.

Weil aber Peperl wochentags in die Schule gehen mußte, blieb zum Holzsammeln immer nur der Sonntag. Die Großmutter bekam auch ab und zu von den Bauern, bei denen sie im Sommer gearbeitet hatte, einige Scheiter Holz geschenkt, weil diese doch mit dem schon so alten aber immer noch fleißigen Weiberl Mitleid hatten. Ganz besonders bei den Bettelgängen der Großmutter mußte Peperl immer mitgehen, weil sie dann für den schmächtigen Buben meistens noch etwas extra dazubekam. Sie war bei den Bauern schon als die „Fellnerin" mit ihrem „Peperl" bekannt geworden. Das aus den nach der Ernte gesammelten Ährenbuschen herausgeschlagene Getreide wurde in Beuteln gesammelt und bei einem Müller in St. Georgen gegen Mehl und Kleie umgetauscht. Das brachte dann immer etwas Abwechslung in die Speisenfolge. Aus dem schwarzen Mehl wurde von der Großmutter selbst das Brot ge-

backen, das noch mit in der Kaffeemühle gebroche-
nen Maiskörnern gestreckt wurde. Außerdem gab es
oft auch noch mit Kartoffelteig gemischte, gebacke-
ne Zweckerln (Nudeln), die besonders gut schmeckten, wenn sie ab und zu sogar mit Rahm übergossen
werden konnten. Trotz aller Not, Mühen und Ent-
behrungen erlebte Peperl bei seiner Großmutter im
Armenhaus den schönsten Teil seiner Kindheit. (...)
Es war gerade Ferienzeit, und Peperls Schwester
durfte aus diesem Grunde auch einige Wochen bei
der Großmutter bleiben. Um diese Zeit wurde gerade in Mauthausen das ehemalige Scherbenlager aufgelöst und die Bewohner aus der Umgebung
durften sich aus dem Lager ausrangierte Gebrauchs-
gegenstände holen. Aus diesem Grunde nahm eines
Tages die Großmutter das kleine Leiterwagerl aus
der Holzhütte und fuhr damit nach Mauthausen.
Peperl und seine Schwester Mitzi mußten daheim
bleiben und wurden von der Großmutter im Zimmer eingesperrt. Das war natürlich ein großer Feh-
ler. Die Kinder lagen noch im Bett zusammen, weil
die Großmutter schon sehr früh fortgefahren war.
Auf einmal hörten beide unter dem Bett eine Maus
rumoren. Erst lauschten sie aufmerksam nach dem
Gekrabble, und plötzlich kam Peperl auf die Idee,
die Maus zu suchen. Er nahm den Kerzenleuchter
von der Stellage, zündete die Kerze an und kroch
mit der brennenden Kerze unter das Bett, um die
Maus zu suchen. Es dauerte nicht lange, und schon
begannen die von den Strohsäcken herunterhängen-
den Strohhalme zu brennen, und im Nu stand das
ganze Bett in Flammen.
Nur dem Umstand, daß der Bub doch so gescheit
war, mit dem Kerzenleuchter eine Fensterscheibe zu

durchschlagen, war es zu verdanken, daß man sogleich auf den Zimmerbrand aufmerksam wurde. Die Tür wurde von Mitbewohnern des Armenhauses eingeschlagen und das Feuer mit Wasser aus dem sich im Stiegenhaus befindlichen Wandbrunnen gelöscht. Der Übeltäter verkroch sich vor lauter Angst unter eine hölzerne Kinderbadewanne und stülpte sich diese über seinen Körper.

Als die Großmutter, die zufällig zur selben Zeit nach Hause kam, nur das Mädchen sah, ihren Peperl aber nirgends fand, begannen alle fieberhaft nach ihm zu suchen. Erst als einer der Helfer die Kinderbadewanne aufhob, sah man den verdatterten Buben darunter liegen. Beim Anblick ihres geliebten Lausbuben war die Großmutter wieder glücklich und vergaß ganz den entstandenen Schaden an den Betten und im Zimmer. Am nächsten Tag wurde dann noch das ganze Zimmer vom Hausverwalter frisch gekalkt, und Peperls Streich war bald wieder vergessen. (...)

Die Großmutter hatte zwar ihren Peperl, sie nannte ihn in ihrer bäuerlichen Art oft auch ihren „Sepö", sehr gern; es war aber, da es schon Herbst wurde, viel Arbeit bei den Bauern zu erwarten, und da war es für sie eine Entlastung, wenn der Bub nicht bei ihr, sondern bei der Mutter sein konnte. Alle mitsammen konnten ja nicht ahnen, was sie dem Kind damit antaten und welchen Verhältnissen es für die kommenden Monate ausgesetzt werden sollte. Die Mutter hatte, nachdem der Vater der Zwillinge im Ersten Weltkrieg gefallen war, einen aus Rubring stammenden Mann geheiratet. Er geriet schon bei den kleinsten Anlässen in Zorn, und wer ihm gerade begegnete, an dem hat er diesen oft in fürchterlicher

Josef Richters Großmutter, in der Bibel lesend.

Weise ausgelassen. Nur seinen leiblichen Sohn Stefan verschonte er damit. Aber gerade seine Frau und die beiden „Bankerten", so nannte er die zwei außerehelichen Kinder seiner Frau, bekamen seine Launen am meisten zu spüren. Peperl, der am Abend immer die Werkstätte saubermachen mußte, wenn er von der Schule heimkam, konnte ihm überhaupt nichts recht machen und war daher oft der erste, an dem er seinen Zorn abreagierte. Auch seine Schwester Mitzi, die dem Stiefvater auswich, so gut sie dies konnte, kam ihm oft in seine Fänge, und dann drosch er sie mit einem extra hierfür vorbereiteten Lederriemen auf den nackten Hintern, bis sie vor Schmerz und Angst Harnlassen mußte. Bei einer solchen Gelegenheit warf sich einmal Peperl dazwischen, weil ihm seine Schwester leid tat. Draufhin ließ er von Mitzi ab, faßte Peperl mit beiden Händen, schleuderte ihn bis zur Decke im Vorhaus hoch und ließ ihn auf das Steinpflaster herunterfallen. Erst als Peperl bewußtlos liegenblieb, hat er von den beiden Kindern abgelassen. Die Mutter wagte es nicht, dazwischenzutreten, denn sie wußte genau, wenn sie das getan hätte, wäre sie die nächste gewesen.

Einmal gab die Mutter Peperl Geld mit und trug ihm auf, dafür einen Laib Brot zu kaufen. Er sollte ihn nach Hause bringen, er hat jedoch am Heimweg vor lauter Hunger angefangen, den Brotlaib rundherum anzubeißen, und als er am Abend heimkam, wagte er aus Angst vor dem Stiefvater nicht, ins Haus zu gehen. Als er in der Dunkelheit Licht im Stall sah und vermuten konnte, daß sich die Mutter im Stall aufhielt, rief er nach ihr. Er schob den angeknabberten Brotlaib durch das Hühnerloch im Tor, sagte der Mutter, daß er nicht mehr zurück zum Stiefvater wolle, weil er ihn so fürchte und immer von ihm geschlagen würde. Er wolle nur wieder zur Großmutter zurückgehen. (...)

Am späten Nachmittag kam er bei der Großmutter mit blutenden Füßen an, weil ihn die Schuhe auf den Fersen aufgewetzt hatten. Sie war ganz verwundert, als sie ihren Sepö wieder vor sich stehen sah, freute sich aber trotzdem darüber. Sie zog ihm sofort die Schuhe aus, wusch die wunden Füße und verband ihm auch gleich die aufgeriebenen Blasen. Dann kochte sie für ihren Buben eine gute Suppe und ließ sich dabei alles von ihm erzählen, was sich in Rubring beim Stiefvater zugetragen hatte. Als sie von den an ihm begangenen Grobheiten erfuhr, weinte sie selber auch mit, so leid tat ihr das inzwischen sieben Jahre alt gewordene Kind, weil es schon so viel aushalten mußte und keine Liebe fand. Vorerst durfte er sich vier Tage bei seiner Großmutter ausruhen, bis die wunden Fersen verheilt waren. Dann meldete sie ihn wieder in St. Georgen zur Schule an, wo er schon die zweite Klasse besuchen konnte. Sie schrieb gleich nach seiner Ankunft an ihre Tochter, daß der Bub gut bei ihr gelandet sei, und daß sie ihn in St. Valentin von der Schule abmelden sollte. (...)

Peperl konnte noch einmal einen Winter und den Frühling bei seiner Großmutter verbringen, bis ein unerwarteter Schicksalsschlag ihn wieder von dieser lieben und guten Frau wegriß und ihn neuen Bedrängnissen aussetzte. Eines Tages mußte die Großmutter wieder im Wald Holz sammeln, und dabei geschah ein großes Unglück. Die Großmutter wußte nicht, daß ein Jäger auf seinem Hochstand saß und auf einen Rehbock wartete. Als sie sich gerade einmal am Waldrand aufhielt, wurde sie von dem übereifrigen Jäger, weil sie sich in gebückter Stellung bewegte, mit dem Bock verwechselt und angeschossen. Die Verletzungen waren zwar nicht tödlich, aber doch so schwer, daß man sie sofort ins Spital bringen mußte. Nachdem sich einige Tage lang die Wohnungsnachbarin um den nun alleinstehenden Buben gekümmert hatte, stand eines Tages ein Gendarm vor der Tür. Dieser veranlaßte, daß die Frau die Schulsachen und alle Habseligkeiten des Buben zusammensuchen sollte, weil er ihn in seine Heimatgemeinde bringen müßte. Der Gendarm war mit einem Motorrad mit Beiwagen angekommen, und Peperl wurde mit allen seinen wenigen Sachen in die Beiwagenmaschine verstaut. Erst als die Wohnungsnachbarin Peperls Sachen in den Beiwagen legte und ihn zum Einsteigen aufforderte, ahnte er, daß das alles mit ihm zu tun haben könnte. Auf seine Frage, was nun mit ihm geschehen solle, begann ihm die Nachbarin langsam zu erklären, daß die Großmutter im Spital liege und der Herr Gendarm ihn woanders hinbringen müsse. Erst jetzt erfuhr er, was mit seiner Großmutter geschehen war, und konnte nicht ahnen, was ihm bevorstehen sollte. Der Gendarm bestieg das Gefährt, und mit der laut ratternden Maschine fuhren sie nun nach Au an der Donau. Dort angekommen, führte der Gendarm den Buben zuerst zum Bürgermeister. Dieser war schon darauf vorbereitet, daß der Bub nun der Gemeinde zur Last fallen würde, und er hatte auch schon für seine erste Unterbringung bei einem Bauern gesorgt.

# Hebamme und Heilpraktikerin

## MARIA HORNER

Maria Horner wurde 1917 in Maria Rojach im Lavanttal (Kärnten) als uneheliches Kind einer Magd geboren. Ihre Kindheit und Jugend verbrachte sie bei ihren Großeltern mütterlicherseits. Ihre Großmutter war Hebamme. Auch Maria Horner ergriff später diesen Beruf und übte ihn ihr Leben lang aus.
Frau Horner hörte 1983 eine Sendung des „Familienmagazins", die ältere Menschen mit Erzählungen aus ihrem Leben und autobiographischen Aufzeichnungen zu Wort kommen ließ. Im darauffolgenden Jahr begann sie über ihr Leben zu schreiben und in Radiosendungen zu erzählen. Christa Hämmerle nahm weitere mündliche Erzählungen von Frau Horner auf Tonband auf und überarbeitete mit ihr die schriftlichen Aufzeichnungen. Aus diesen mündlich und schriftlich festgehaltenen Erinnerungen entstand 1985 der Band 4 dieser Reihe „Aus dem Leben einer Hebamme", bearbeitet und herausgegeben von Christa Hämmerle. Die folgenden Textstellen entstammen den ersten Kapiteln dieses Buches.

Wenn wir auf dem Feld nebeneinander arbeiteten, erzählte mir meine Großmutter manchmal von früher. Meine Großmutter war das sechzehnte Kind einer Weberfamilie aus Krain in Slowenien. Mein Urgroßvater war Weber ohne festen Wohnsitz. (...) Großmutter konnte nur wenig zur Schule gehen, vor allem nur in der Winterzeit. Im Sommer mußte sie immer bei der Bauernarbeit helfen. Damals war noch keine strenge Schulpflicht, dementsprechend waren die Zeugnisse. Oft bekam sie auch kein Zeugnis, weil sie zuwenig Schultage hatte. Der Schulweg war zwei Stunden. Im Winter ging sie mit der Laterne von zu Hause weg und wieder mit der Laterne nach Hause durch einen tief verschneiten Hohlweg. (...)

Meine Großmutter war zwanzig Jahre alt, als ihre Ziehmutter mit sechzig Jahren starb, und so mußte der Ziehvater mit der Ziehtochter und dem geistesschwachen Sohn auf dem ärmlichen Hof allein weiterwirtschaften. Nach zwei Jahren, mit über sechzig Jahren, hat der Ziehvater die Ziehtochter geehelicht; das war im Jahre 1892. Ein Jahr später kam eine Tochter zur Welt, zwei Jahre später die zweite Tochter, meine Mutter. (...) Großmutter war zwanzig Jahre lang mit dem alten Mann verheiratet. Er befaßte sich mit Kräutern und Wurzeln als Heilmittel für Mensch und Tier. Er muß ein ganz mit der Natur verbundener Mann mit einem gesunden Hausverstand gewesen sein. Die Leute kamen von weiterer und näherer Umgebung um Medizin und Rat, obwohl er schon lange im Bett lag und nicht mehr gehen konnte. (...)

Meine Großmutter war Hebamme geworden. Ich glaube, daß sie noch von ihrem ersten Mann in die Hebammenschule nach Klagenfurt geschickt worden war. Wann genau und warum, weiß ich nicht, es war so um 1910, und die Schule dauerte damals nur sechs Monate. Vielleicht wollte der alte Mann, daß seine Frau nach seinem Tod versorgt ist. Auf jeden Fall war Großmutter bis nach dem Zweiten Weltkrieg, über vierzig Jahre, Hebamme im Lavanttal in Kärnten. Großmutter wurde von den Leuten die „Schindler-Muatter" genannt. Sie war eine gütige Frau, nicht nur zu mir, sondern zu allen, die mit Anliegen und Sorgen kamen. Sie war nicht nur bei je-

der Geburt dabei, auch wenn einer in unserem Dorf von 500 Seelen im Sterbebett lag, auch bei allen Krankheiten von Kindern und Erwachsenen, sogar bei Blessuren, die in den Landwirtschaften vorkamen, wurde sie geholt. Sie betätigte sich ja auch als Heilpraktikerin und hatte großen Zuspruch der Leute von naher und weiterer Umgebung. Besonders sonntags nach dem Kirchgang war die Stube oft voll. Der Medizinkasten war immer versperrt, es war ihr Schatzkasterl. Die Medizin, die sie nur in Fünftelliterflaschen verabreichte, bestand aus Kräuteressenzen aus der Apotheke wie Kamillentropfen, Melissengeist, Baldrian, Wermuttropfen, Hoffmannstropfen sowie gestoßenen Enzian- und Chinawurzen und so weiter. Diese Kräuteressenzen ergänzte sie mit verschiedenen Kräutertees, Honig und kaltgepreßtem Himbeersaft. Sie machte für jede Flasche eine andere Zusammenstellung, je nach ihrer Diagnose. Diese stellte sie mit Hilfe des Morgenurins. Die mitgebrachte Urinflasche mußte fünfzehn bis zwanzig Minuten an einem warmen Ort stehen. Ich kann mich erinnern, die Großmutter hielt die Flasche gegen das Tageslicht - es durfte kein künstliches Licht sein - und schüttelte sie manchmal etwas, und dabei glaubte sie klar zu sehen. Mich hat sie in dieses Geheimnis nie eingeweiht. Als ich älter war, war ich sehr skeptisch gegenüber einer solchen Feststellung von Krankheiten. Aber ihre Medizin half meiner Meinung nach, auf keinen Fall hat sie geschadet. (...)
Ich kann mich auch erinnern, daß Großmutter einmal wegen Kurpfuscherei angeklagt war und vierzehn Tage Arrest bekam. Es war in meinen ersten Schuljahren. Ich hatte die Vorstellung, sie muß in ei-

nem finsteren Loch ohne Essen und Trinken sein -
und das war für mich furchtbar! Ich habe viel und
schlecht geträumt und in der Schule schlecht gelernt, in meiner Kinderbrust war alles schwarz. (...)
In unserem Dorf war die Großmutter wie ein kleiner
Herrgott. Sie genoß bei arm und reich, bei alt und
jung Ansehen. Es wurde ihr auch viel Ehre zuteil.
Sie ist mir noch sehr gut in Erinnerung, wie sie Glok-
ken-, Fahnen-, und Primizpatin war. Sie konnte auch
sehr energisch sein, wenn irgend etwas nicht recht
war. Dann konnte sie auch richtig entgegentreten,
da konnte ein Mann noch so groß sein, sie hatte keine Angst vor ihm. Bei Tanzveranstaltungen und anderen Festen saß sie oft mit den Männern am Tisch,
ich sehe das Bild noch heute vor mir, wie die Großmutter als einzige Frau zwischen den Männern saß
und mit ihnen redete.
Unser Dorf war ein ärmliches Bauerndorf. Großmutter bekam fast nie Geld für ihre Arbeit, meist nur
Naturalien. Vom einen bekam sie vielleicht ein
Schweindl, vom anderen eine Fuhre Heu und so
weiter. Nur ganz selten bekam sie auch etwas Geld.
Und manchmal wurde ihr nur etwas versprochen
für eine Geburt, aber sie bekam es nie. Denn wenn
es so eine arme Bauernmagd war, was konnte die
schon geben! Als ich noch klein war und nicht allein
zu Hause blieb, wurde ich manchmal am Abend
auch mitgenommen, wenn Großmutter zu einer Geburt gehen mußte. Dort wurde ich in ein Zimmer
oder in eine Kammer zur Ruhe gelegt, und so hörte
ich so manche Schmerzensschreie sowie den ersten
Schrei der neuen Erdenbürger, und in meiner Kinderbrust war alles vorhanden: Angst, Mitleid und
Freude. Aber ich glaubte, es kann ja nicht allzu

schlimm sein, denn meine Großmutter ist ja auch da drinnen. Es kam mir alles so geheimnisvoll vor. Ich wußte ja damals noch nicht genau, wie ein kleines Kind kommt. Ich wußte nur, wenn die Großmutter wohingeht, dann ist was los. Daß sie die Kinder bringt, das sagte man schon, aber man sagte: „Die Kinder sind aus dem Bauch herausgekommen, und die Großmutter hat sie abgefangen."

Später wurde ich neugieriger, aber ich fragte die Großmutter nie. Ich weiß noch, sie hatte eine weiße Trägerschürze, auf dieser sah ich manchmal einen Blutschmierer oder Blutstropfen. Ich mußte immer wieder hinschauen, und ich fragte mich, warum das auf ihrer Schürze ist, wo sie sich wehgetan hat und wie sie sich wehgetan hat, als die andere Frau im Zimmer so jammerte. Aber ich konnte keinen Zusammenhang finden. Mit der Zeit kam ich dann selber drauf, da war es für mich fast selbstverständlich, daß es so ist. Wir hatten ja auch Dienstmägde zur Geburt daheim. Wenn wo eine Dienstmagd war, bei der die Leute nicht wollten, daß sie ein Kind bekommt und daß sie dort entbindet, dann sagte die Großmutter zu der Frau: „Kommst halt zu mir, wir haben schon ein Platzerl." So entbanden manche Frauen bei uns zu Hause, und mit der Zeit wußte ich es dann: „Halt, die hat einen großen Bauch, die kommt zu uns, und dann bekommen wir ein Kind!" (...)

In dieser Atmosphäre wuchs ich heran, und es wurde mir immer von Leuten, die die Hilfe der Großmutter in Anspruch nahmen, gesagt: „Wenn Großmutter nicht mehr ist, mußt du es tun." (...)

Zur Taufe ging die Hebamme, in der Regel mit der Patin des Kindes, meist am zweiten oder dritten Tag nach der Geburt, es kam auf den Zustand des Kindes an. (...) Bei größeren Bauersleuten wurde mit einer Kutsche zur Kirche gefahren und das Taufessen bei einer Gastwirtschaft bestellt. Bei der Taufe waren nur die Patin und die Hebamme dabei, manchmal der Vater des Kindes, wenn er Pferde mit der Kutsche führte. Bei diesen Taufmahlen wurde auch Wein getrunken, oft über den Durst. (...)

Meine Großmutter hat bei so einer Taufe dem Wein sehr gerne zugesprochen, und es wurde manchmal zuviel. So war es einmal der Fall, daß beide Frauen, Patin und Hebamme, im selben Zustand waren und den Säugling verkehrt in die Taufdecke einpackten, mit dem Kopf nach unten. Beim Aussteigen aus der Kutsche rutschte das Kind aus seiner äußeren Umhüllung, es steckte mit dem Kopf im Schnee. Ich zog es sofort heraus, es war ihm aber nichts passiert. Ich glaube, beide Frauen waren sofort nüchtern. (...)

Meine Großmutter war selbst auch oft Patin, vor allem bei ledigen Kindern im Notfall, wenn die Mutter keine andere Patin hatte. Auch ich bin so ungefähr achtzehnmal Taufpatin geworden. (...)

Das nächste Krankenhaus und der nächste Arzt waren drei Gehstunden entfernt in Wolfsberg, so daß die Großmutter den Arzt nur in äußersten Notfällen holen konnte. Wenn sie Frauen einliefern lassen mußte, fuhren sie meist mit dem Pferdefuhrwerk ins Krankenhaus. Aber das war selten der Fall, sie wartete bei Komplikationen auf gut Glück oft lange zu. Bei komplizierten Geburten konnte sie oft nicht helfen, entweder die Frauen oder die Kinder starben, oder es ging gut aus. (...)

Als meine Schulzeit zu Ende ging, wurde öfter gesprochen, ich solle in ein Dienstverhältnis eintreten.

Auf keinen Fall wollte ich in der Landwirtschaft bleiben, und so kam ich zu einem Gasthof mit zwei Kindern, eines davon war gerade zur Welt gekommen. Die Großmutter kam täglich, und das Heimathaus war nicht weit entfernt. Somit trat kein Heimweh auf, denn ich war mit Zuhause sehr verbunden.

Ich besprach des öfteren mit Großmutter, daß ich in eine Hebammenschule gehen möchte, aber da kamen bei ihr immer Bedenken auf, daß wir es uns nicht leisten könnten, denn eine Schule mußte bezahlt werden, und zwar Lehrschule und Internat. So mußte ich meinen innigsten Wunsch wieder begraben. Durch Zufall erfuhr ich von Bekannten, ich könnte als Kindermädchen nach Budapest zu einem Grafen gehen. Es kam mir alles so aufregend vor, eine Grafenfamilie, ein Kind im schulpflichtigen Alter. Bei uns wurden die Grafenkinder wie höhere Gestalten betrachtet, weder spielen noch sprechen durften sie mit den einfachen Kindern im Dorf, und ich sollte jetzt als Kindermädchen zu einem solchen Kind kommen! Schweren Herzens ließ mich die Großmutter ins Ausland ziehen, mit vielen Ratschlägen und Vorsichtsmaßregeln und der Mahnung, die Heimat, das Elternhaus nicht zu vergessen. (...)

Obwohl es mir an nichts fehlte, vermißte ich mein vertrautes Heimathaus und meine Großeltern sehr, und es stieg ein unheimliches Heimweh auf. Tag und Nacht war oft nur der eine Gedanke - wieder nach Hause! Aber der Alltag ging weiter. (...)

Nach einem halben Jahr durfte ich die Herrschaft in die Oper nach Budapest begleiten. Oder, besser gesagt, ich mußte sie begleiten, denn erfreut war ich darüber nicht. Es wurde mir dafür ein Abendkleid verpaßt, in dem ich mich gar nicht wohlfühlte. Ich wurde immer wieder von Frau Gräfin ermahnt, nicht so große und plumpe Schritte zu machen, da sich das Kleid in die Beine schlinge, was ja fürchterlich aussah. Mein Heimweh wurde in solchen Zeiten immer stärker, ich sehnte mich nach dem kleinen Dorf, und am schlimmsten war die Sehnsucht nach meiner lieben Großmutter, nach ihrem Faltengesicht.

Endlich war es soweit, daß ich für vierzehn Tage nach Hause fahren durfte. (...) Ich hatte aus tiefster Seele den Wunsch, nie mehr zurückzukommen, und so war es dann auch. Meine Großeltern waren froh, mich wieder zu haben, denn sie waren schon 65 und 75 Jahre alt, und ich war ihnen eine Stütze. Auch ich war sehr froh, daß die Großeltern mich schon notwendig brauchten, so mußte ich mir nicht die Blöße geben und sagen, daß ich nicht mehr zurück wollte. (...)

Mich wieder ins einfache Landleben einzuleben, fiel mir nicht schwer. Ich wurde wieder mit den Leuten, die zu uns kamen mit Sorgen und Krankheiten und denen Großmutter immer einen Ausweg wußte oder Hilfe gab, vetraut. So wurde in mir wieder der Wunsch wach, eine Schule zu besuchen. Aber wie komme ich dazu? Mein Leben ging so weiter, daß ich immer weniger daran denken konnte, einmal Hebamme zu werden. (...)

Die Großeltern räumten mir nach meiner Rückkehr aus Ungarn sehr viel Freiheit ein. So konnte ich öfter an Tanz und Unterhaltung auch in den Nachbardörfern teilnehmen, so auch an einem Ostertanz in einem weiter entfernt gelegenen Dorf. Bei dieser Gelegenheit lernte ich einen jungen Burschen kennen. (...) Bei unseren öfteren Treffen kam es zu Intimitäten, was nicht ohne Folgen blieb. Ich wurde schwanger. Meine große Sorge war: Wie sage ich es meiner Großmutter, ich habe ihr Vetrauen mißbraucht! (...)

Mit diesem Gedanken habe ich die Schwangerschaft getragen, und eines Tages merkte es die Großmutter, aber erst in der zweiten Hälfte der Schwangerschaft. Auf ihre rasche Frage hin beichtete ich alles. Nachdem sie wußte, wer der Vater ist, war sie erleichtert, denn es war in ihren Augen kein Unwürdiger. Er war ein Bauernsohn, der als Knecht arbeitete. Samstags darauf mußte ich mit der Großmutter in das Dorf, wo er arbeitete, zur Kirche gehen, und bei dieser Gelegenheit stellte sie den werdenden Vater zur Rede. Seine Antwort war, er steht zu mir und dem Kind, und er will versuchen, im Bergbau, eine Stunde entfernt, unterzukommen, was in den Jahren 1936/37 mit der großen Arbeitslosigkeit sehr schwer war. (...)

Im Jahre 1938 kam der Anschluß an Deutschland und die NS-Zeit, und es lag eine Atmosphäre in der Luft, als ob das Paradies kommen würde. Alles wurde geändert, die Arbeitslosen bekamen Arbeit, es wurden Organisationen gegründet. So manche Bekannten waren plötzlich in SA-Uniform. Die Buben waren in der HJ, die Mädchen im BDM und die Frauen in der NS-Frauenschaft. Ich habe bei den Heimabenden der NS-Frauenschaft mitgemacht. Unsere Aufgabe war, an den Vereinsabenden für kinderreiche Familien und später für Soldaten an der Front zu stricken. Solche Abende waren auch eine Plauderstunde über Weltanschauung, wovon wir alle, jüngere und ältere Frauen, keine Ahnung hatten. (...) Bei einem dieser Abende tat ich der Leiterin meinen Berufswunsch kund, daß ich gerne eine Schule, und zwar die Hebammenschule, besuchen möchte. Die Frauenschaftsleiterin holte sofort bei den zuständigen Stellen Informationen ein, und ihre Anfrage an die Hebammenschule hatte Erfolg. (...) Die Schwierigkeit war, ob mein Mann einverstanden ist und ob meine leibliche Mutter mein Kind in Pflege nimmt, denn für die Großeltern wäre die Belastung mit zwei Kindern zu groß gewesen. (...)

Die Zusage meines Mannes bekam ich erst nach längerem Bitten, so auch die meiner Mutter. Nur meine Großmutter wollte auch, daß ich die Schule besuche. Im Oktober 1939 wurde ich zur Aufnahmsprüfung einberufen, und damit begann mein Berufsleben. (...) Ich schilderte, wie ich aufgewachsen bin, daß die Großmutter Hebamme ist, und ich glaube, daß hat Eindruck gemacht. Ich wurde aufgenommen. Von ungefähr achtzig Teilnehmerinnen wurden achtundvierzig aufgenommen. (...)

Als die halbe Zeit meiner Schule herum war, wollten mein Mann und auch meine Mutter, daß ich mit der Schule aufhöre und wieder nach Hause zu Mann und Kind komme. Nur die Großmutter wollte, daß ich fertigmache. (...) Die Zeit rückte immer näher zur Diplomprüfung. Ich hatte das Gefühl, daß mein Erlerntes nicht ausreichen wird.(...)

Als mein Name aufgerufen wurde, hörte ich es vor Aufregung nicht mehr, bis mich eine Kollegin neben mir schubste. Da wurde mir erst klar, ich kann mein Diplom aus der Hand des Herrn Dekan entgegennehmen. Es kam mir vor, als hätte ich keinen Boden unter den Füßen. Erst die Glückwünsche vom Prüfungskomitee riefen mich in die Wirklichkeit zu-

Maria Horners Großmutter vor ihrem Haus.

rück. Mein erster Gedanke war: „Meine Großmutter, die wird den Stolz mit mir teilen!" (...) Meine Großmutter war so stolz über die Nachricht, die ich ihr sofort zukommen ließ, daß sie mit dem Schreiben das ganz Dorf von Haus zu Haus abging, um es allen kundzutun. Die Leute, die es mir gegönnt hatten, freuten sich mit der Großmutter; die, die mir das nicht zugetraut hatten, waren ein bißchen enttäuscht.

# Bomama trug ein Mieder ...

## HANS HEINZ WEBER

Hans Heinz Weber wurde 1919 in großbürgerlichen Verhältnissen in Wien geboren. Nach der Scheidung seiner Eltern im Jahre 1925 lebte er gemeinsam mit seiner Mutter und seinem zwei Jahre älteren Bruder bei seiner Großmutter mütterlicherseits (1873-1955). Sie war dem Bekenntnis nach evangelisch, galt aber nach den Rassegesetzen des Nationalsozialismus als Jüdin.

Hans Heinz Weber schrieb nach seiner Pensionierung im Jahre 1980 für seine Kinder eine über 600 Seiten umfassende Autobiographie. Nach dem Aufruf in einer Rundfunksendung übermittelte er seine Lebenserinnerungen an die „Dokumentation lebensgeschichtlicher Aufzeichnungen". In den Bänden „Hände auf die Bank. Erinnerungen an den Schulalltag", Band 7 (1985), herausgegeben von Eva Tesar, und „Es war eine Welt der Geborgenheit. Bürgerliche Kindheit in Monarchie und Republik", Band 12 (1987), herausgegeben von Andrea Schnöller und Hannes Stekl, wurden bereits Teile seiner Lebensgeschichte veröffentlicht.

Ich beginne bei den Eltern der Mutter, nicht nur aus reiner Höflichkeit den Frauen gegenüber, sondern auch, weil ich ja bei meiner Großmutter mütterlicherseits aufgewachsen bin, da meine Eltern geschieden wurden, als ich fünf Jahre alt war. Die Großmutter mütterlicherseits war geborene Budapesterin, sie wurde am 11. August 1873 geboren. Ihre Erziehung war sehr streng. Man durfte zum Beispiel nicht „Unterhose" sagen, sondern nur „Unaussprechliche", was mich als Kind zu ungeheuren Lachsalven reizte und vielleicht eine der Grund-

Die Großmutter Hans Heinz Webers in jungen Jahren.

lagen meines Humors wurde! Aber gleichzeitig erkannte man nicht das elende Schicksal des im selben Heim wohnenden Dienstmädchens, das in einer Kammer von den Ausmaßen eines Abstellraumes mit Fenster in einen Lichthof, selbstverständlich nicht heizbar, wohnen mußte und nur einmal wöchentlich, am Sonntagnachmittag, auf wenige Stunden „Ausgang" hatte. Alles fand man „gottgewollt", klammerte sich an völlig unwesentliche Kleinigkeiten, hatte aber nicht das geringste Verständnis für die Zeichen der Zeit und für menschliches Verhalten zu den „niederen Ständen". Großmutters Vater war in der Spitzenindustrie wohlhabend geworden und besaß neben einer schönen Stadtwohnung eine Villa in Hadersdorf-Weidlingau. Der Zeit entsprechend war seine Frau für ihn nur eine Gebärmaschine, und von den jährlich geborenen Kindern blieben acht am Leben, jeweils erst ein Mädchen und dann drei Knaben, meine Großmutter war die Älteste von allen. Da ihre Mama früh starb, wuchs Großmutter bald in die Mutterrolle hinein.

Die Damen der Gesellschaft waren damals stinkfaul, und so war Großvater erstaunt, als er im Wohnhause meiner Großmutter ein Mädchen bewunderte, das mit den Dienstboten zusammen auf den Dachboden stieg, um irgendwelche Arbeiten zu erledigen, und selbst mit Hand anlegte. Er erkundigte sich nach diesem Wundermädchen, verliebte sich in sie und hielt um ihre Hand an.

Nach der Hochzeit lebte das junge Paar in Hütteldorf (Wien, 14. Bezirk) in der Wolfsberggasse. Großmutter bekam damals einen leichten Pferdewagen, das Tier hieß „Jeanettle" und hat sich sicher vor ihr weniger gefürchtet als sie sich vor ihm. Mit dem

Einspänner konnte sie, wenn Großvater in der Arbeit war, nach Weidlingau zu ihrer Familie kutschieren. Heute würde man sagen, die Frau des Hauses besaß einen sportlichen Zweitwagen!

In der Ballsaison 1913 ging meine Mutter eifrig tanzen. Bei der damals vornehmsten Tanzschule „Kopetzky" hatte sie „echten" Walzer tanzen gelernt, und für sie kam überhaupt nur ein Mann in Frage, der gut Walzer tanzen konnte, denn der mußte doch auch ein guter Mensch sein, logisch? Und die Französischlehrerin ließ auf Mutters Tänzerkarte einen jungen Herrn, Friedrich Ludwig Weber, als Tänzer eintragen, und so nahm das Schicksal der beiden jungen Leute seinen Lauf. Am 11. Dezember 1917 kam mein älterer Bruder noch als Monarchist zur Welt. Ich jedoch, am 14. Dezember 1919 geboren, war schon ein waschechter Republikaner! (...)

Mutters Eltern besaßen in Unterach am Attersee ein Hotel, dessen Garten direkt am Hotel lag. Eines Tages spielten dort Fritzi, mein älterer Bruder, und ich, was meist darin gipfelte, daß wir Steine in das kristallklare Wasser warfen. Als mein Bruder einem Steinderl nachsah, plumpste er ins Wasser und stand plötzlich am Grund des Attersees. Er sah durch die Lichtbrechung so urkomisch aus, daß ich in ein homerisches Gelächter ausbrach, mir mit beiden Händen auf die Oberschenkel patschte und vor Lachsalven beinahe keinen Atem mehr bekam. Gäste wurden auf mich aufmerksam, gingen der Ursache meiner Heiterkeitsausbrüche nach, Fritzi wurde gerettet, und Großmutter reihte mich seither in die Kategorie der herzlosesten Menschen ein, die Gottes Erde bevölkern. (...)

Daß aus uns - meinem Bruder Fritz und mir - doch

halbwegs normale Menschen geworden sind, verdanken wir sicherlich der Erziehung meiner Großmutter (von uns zärtlich „Bomama" gerufen, weil Fritzi als Baby immer so ähnliche Laute gegrunzt hatte), bei der wir nach der Scheidung der Eltern, zusammen mit Mutter, aber die hatte da auch nichts zu reden, aufwuchsen.

In der Zwischenkriegszeit gaukelte sich Bomama den Wohlstand der Vorkriegszeit vor, Bargeld besaßen sie und meine Mutter fast nie, sparten natürlich vom Zins, den das Haus brachte, für die Ferien, und Papa kam mit „Alimentenzahlungen" sehr gut davon. Bomama trug ein Mieder. Und jeden Abend sagte sie zu Mutter: „Lilli, glaubst du, kommt heute noch wer auf Besuch?" Es kam nie wer, aber sie wartete bis zehn Uhr abends, dann zog sie das Mieder aus. Die Tanten und Kusinen kamen ja stets am frühen Nachmittag nach telefonischer Anmeldung.

Unsere Wohnung war sehr groß! Sie umfaßte das ganze Mezzanin eines Eckhauses. Ich beginne beim rechten, der Volksoper zu gelegenen Ende. Dort befand sich das Schlafzimmer von Großmutter und Mutter. Die Möbel waren nachgemachter Rokokostil, aber sehr gut gearbeitet. Über den Schlafzimmerbetten waren zwei grausliche Blumensträuße von ansehnlichem Ausmaß unter gewölbtem Glas anstelle von Bildern. Es waren die Hochzeitssträuße meiner Großmutter. Der Salon war Bomamas Bereich! Auch er hatte zwei Fenster, vor denen ein großer Eichenschreibtisch mit einer gewaltigen Lampe stand. Vor dem rechten Fenster war das Nähtischerl mit einer Unmenge offener Schachteln, in denen es nur so von Zwirnen, Spulen, Nadeln und Fleckerln wimmelte. Dahinter stand das Radio, das keinen

Netzanschluß hatte, das wäre ja viel zu gefährlich gewesen, sondern Akkumulatoren besaß, und diese waren immer leer. Da kam der Herr Wardegger, ein kleines Männchen, der stundenlang, mit Kopfhörern versehen, herumbastelte, bis man ein erbärmliches Quäken vernahm, dann ging er. Er wurde nach Stunden bezahlt, und ich vermute, daß er von der Verwandtschaft und uns seinen Lebensunterhalt bestritt.

Vor dem sagenhaften Nähtischchen stand Bomamas Fauteuil, der schon etwas eingedrückt war und auf den nur sie sich setzen durfte, nicht einmal Mutter wagte es, dort Platz zu nehmen. (...) Zwischen Fenster und Speisetür war ein Fauteuil und das Telefon. Erst war unsere Nummer 12-5-29, dann A-18-9-96, aber meine Mutter oder Bomama meldeten sich immer nur mit einem langgedehnten „Halloooooh", worauf der Anrufer ebenfalls „Halloooooh" sagte, bis endlich das Ratespiel den wahren Namen des Rufenden an den Tag brachte. Neben der Schlafzimmertür hing ein kleines Ölbild, den 1925 verstorbenen „Bopapa" darstellend, von Onkel Hermann aus München nach einer Photographie gemalt, das jeder Besucher anschauen mußte. Meist standen die Besucher schweigend davor, bis sie herausknödelten: „Man sieht, daß er ein guter Mensch gewesen sein muß!" Worauf Bomama völlig unbedacht sagte: „Es sieht ihm gar nicht ähnlich!" (...)

Um billiger leben zu können, kochte Bomama in manchen Urlauben selbst, aber das war nicht immer der Fall. Jedenfalls wurde in den Ferien „alles" mitgenommen. Die großen Koffer von Bomama und Mutter wurden mit Frächtern vorausgeschickt, aber zu der Fahrt erschien Bomama immer mit Plaid,

Schirmtasche (mit drei bis vier Schirmen und ebenso vielen Stöcken, die sie nie brauchte), Mutter mit Vogelkäfig, Schreibmaschine und Laute und zahlreichen Taschen für die Reise. Ich hatte meinen eigenen Koffer für meine Sammlungen, Karl May und Tom Shark-Hefte und Fußballausrüstung. Dann standen wir am Bahnhof stundenlang vor der Sperre. Das war wohl ein Blödsinn. Schmachtend und schwitzend mußten die Menschen brav Schlange stehen, bis die Sperre aufgemacht wurde und die Karten gezwickt wurden, im Zug natürlich auch noch einmal. Dabei wurde Bomama einmal das Handtascherl gestohlen, sie bemerkte es erst bei der Sperre. Papa wurde angerufen, kam, besorgte zunächst Ersatzkarten für den nächsten Zug, und wir mußten von der Bank Geld nachsenden lassen, da Bomama das gesamte Geld für zwei Monate im Tascherl gehabt hatte. Mutter und wir Kinder hatten ja keinen Groschen bei uns, da wir ja nicht vertrauenswürdig genug waren! (...)

Es gab drei Themen, über die zu Hause niemals gesprochen werden durfte! Thema Nummer eins war die Politik. Es war Bomamas Ansicht, die wir natürlich zu teilen hatten, daß Politik diejenigen machen sollten, die es verstehen. Und klarerweise verstanden wir aber schon gar nichts davon! Thema Nummer zwei betraf alles Sexuelle. Wären wir nicht als Kinder jeden Sommer bei Vater am Mondsee gewesen, wo wir einen Freund hatten, den gleichaltrigen Sohn eines Oberförsters, wir wüßten bis heute nicht, wie sich die Menschheit vermehrt. Und ich hatte unsägliche Angst, Bomama erführe von dem, was wir über Fortpflanzung wüßten! So verklemmt waren damals die Zeiten.

Die Großmutter und die Mutter Hans Heinz Webers.

Das dritte Tabu war die jüdische Abstammung von
Bomama. Erst als ich bei der Deutschen Wehrmacht
den Ariernachweis bringen mußte, klärte mich meine Mutter unter großen seelischen Qualen darüber
auf, als wäre das eine riesige Schande! (...)

Die Ferien 1930 verbrachten wir am Klopeinersee. Meine Großmutter ging nur einmal schwimmen. Getreu ihrer Erziehung hatte sie einen schwarzen Schwimmanzug aus Klothstoff, der bei den Fußknöcheln und Handgelenken zugebunden war. Auf dem Kopf trug sie eine große, schwarze Haube. Kaum im Wasser, blähte sich der Schwimmanzug mit Luft auf, und Bomama sah aus wie ein großer Walfisch. Die Jugend lief am Ufer zusammen, alle bestaunten das schwimmende Ungeheuer, und die Erwachsenen liefen ebenfalls hinzu, und es gab ein dröhnendes Gelächter. Bomama verließ wütend die Stätte ihres Triumphes und hat seither nicht mehr gebadet. (...)

Wenn mich Großmutter wegen irgend etwas, wofür ich mich schämen sollte, beleidigte, nahm ich mein Fahrrad und machte eine Radtour. Da gab es die „Kleine" über Klosterneuburg und Weidling, dann die „Mittlere" über Klosterneuburg und Gugging und die „Große" über Tulln und den Riederberg zurück. Die Wahl der Tour war abhängig von der Intensität der Beleidigung. (...)

Am 30. September 1937 war es soweit. Ich rückte beim „Selbständigen schweren Artillerieregiment Kaiser Maximilian Nr. I" ein, wobei ich bis heute nicht weiß, ob sich die Nummer eins auf das Regiment oder auf Kaiser Maximilian bezog. (...) Bereits am 14. März 1938 mußten wir antreten und wurden auf den „Führer" vereidigt. Dabei wurden in wilden Sprechchören die Juden hinausgeworfen. Bei uns war nur einer, er hieß Herbert Troller und war sehr nett zu allen gewesen. (...)

Zu Hause war tiefe Niedergeschlagenheit. Erst jetzt begriff ich, was die Besuche der Brüder von Bomama aus dem Altreich seinerzeit, als wir noch Österreich waren, bedeutet hatten und sie beim ältesten Bruder, Onkel Lajos, Rat holen wollte, aber der kapierte nicht, was da auf ihn zukam. Eines schönen Frühlingssonntags, als ich frei hatte, gingen Mutter und Großmutter mit mir nach Sievering in den Katharinenhof zur Jause. Der Blockwart unserer Gasse, ein Bäckergeselle, der uns immer die Semmeln in die Wohnung geliefert hatte, war in Goldfasanuniform, ein hohes Tier, auch zu Gast. Er ließ Großmutter vom Besitzer aus dem Kaffeehausgarten werfen. Seit damals hat Bomama bis zu ihrer Deportation ins KZ die Gasse nur betreten, wenn sie zur „Registrierung" geladen war. (...)

Am 15. April 1942 mußten wir an der Eingangstür unserer Wohnung für Bomama einen Judenstern anbringen, was sie sehr kränkte. Ging sie doch seit dem Frühling 1938 nicht mehr auf die Straße. Meist saß sie in einem Winkel, sprach kein Wort und war mit irgendeiner Strickerei beschäftigt. Lebensmittel bekam sie fast keine, ihre Karte mußte man im 2. Bezirk bei einer jüdischen Kartenstelle holen, und da war zuwenig zum Leben und zuviel zum Sterben darauf. Von Tag zu Tag wurde die Angst größer, denn die Deportationen in die Konzentrationslager, für alle, die als „jüdisch" galten, hatten begonnen.

Bomamas Bruder, Onkel Lajos, war von der Gestapo mehrere Monate am Morzinplatz* in Haft gewesen. Als er, nachdem er ein Auge verloren und auf sein ganzes Vermögen verzichtet hatte, herauskam, erhielt er im Herbst 1941 die Erlaubnis, nach Amerika zu seinem ältesten Sohn auszuwandern. Nun wollte

---

* Morzinplatz, Wien, 1.Bezirk: Gestapo-Hauptquartier

Lajos seine Schwester, unsere Bomama, mitnehmen, sein Sohn könnte alles Notwendige erledigen. Aber Bomama entschied anders. Sie glaubte noch immer, die Verantwortung für ihre Tochter Lilli und ihre Enkel zu tragen.

Am 9. September 1942 wurde Großmutter abgeholt. Um halb vier Uhr erschien ein Beauftragter der Israelitischen Kultusgemeinde, sie mußte packen, um acht Uhr abends fuhren wir mit ihr in die Sperlgasse, wo sie mit einem kleinen Rucksack, der die nötigsten Dinge zur täglichen Reinigung enthielt, einrücken mußte. Bomama hatte wunderbar Haltung bewahrt, denn sie war, auch in Fetzen, immer eine Dame. Fritz und ich sprachen dann am 5. November bei Brunner II, dem Chef der Judenverschikkungsaktion, vor und baten ihn um Entlassung der Großmutter. Dieser erbärmliche Wicht zitterte vor uns, versprach alles Mögliche, war aber niederträchtiger, als wir ahnen konnten! Es war uns erlaubt worden, beim Torpfosten Eßpackerln abgeben zu dürfen, als wir Bomama eingeliefert hatten. So brachten wir jede Woche ein kleines Päckchen, das sowieso nur wenige, haltbare Lebensmittel enthielt. Eines Tages, vermutlich aus Rache, weil wir vorgesprochen hatten, ließ sich Brunner II Großmutter vorführen und sagte scheinheilig: „Ihre Angehörigen haben sie völlig im Stich gelassen!" Darauf sagte Bomama entrüstet, sie erhalte jede Woche ein Päckchen. Da zerplatzte der germanische Held, dieses kleine, unscheinbare Männchen, und verurteilte sie wegen verbotener Paketannahme zu Haft bis zum Abtransport ins Konzentrationslager. Die Strafe wurde so vollzogen, daß er sie in den Keller auf den bloßen Boden legen ließ, sie hatte nur ihren Mantel als Decke. Kein Fenster! So wurde sie monatelang eingesperrt. Das alles erfuhren wir erst nach dem Krieg.

Am 14. Dezember sprachen Fritz und ich nochmals bei Brunner vor, er sagte wieder, die Möglichkeit der Entlassung läge auch ihm nahe, dabei lag Bomama im Keller des Hauses bis zur Verschickung ins KZ Theresienstadt. Großmutter war damals 69 Jahre alt. (...)

Herbst 1945: Von Bomama kam der erste Brief aus der Schweiz, und dann erschien einige Male eine alte, verhutzelte Dame, die mit ihr im KZ Theresienstadt gewesen und von den Russen befreit worden war. Sie erzählte erstmals die grauenhaften Einzelheiten, denen die alten Leute dort ausgeliefert waren. Bomama war schließlich gegen sieben deutsche Kriegsgefangene durch eine internationale kirchliche Organisation ausgetauscht worden, allerdings mußte sie in der Schweiz auch in ein Anhaltelager.

Als Bomama zurückkam, war sie körperlich zum Wrack geworden, konnte natürlich in der Hauswirtschaft nichts mehr leisten und lag ständig auf meinem Diwan. Ich hatte nichts verändert, als Bomama wegkam. Auf ihrem Nachtkästchen, auf ihren Tischen, überall hatte ich ihr Klumpert so liegen lassen, wie sie es am letzten Tag verlassen hatte. Sie sollte sehen, daß sie für mich nicht fortgewesen war. Das achtete sie nach ihrer Rückkehr überhaupt nicht! Vielmehr gab es den ersten großen Krach, als sie draufkam, daß wir einige Wäschestücke zwecks Beschaffung von Nahrungsmitteln verkauft hatten. Es waren meist Leintücher, Handtücher oder Bettzeug, von dem wir genug hatten, durch Erbschaften und Übernahme der Sachen der ausgewanderten oder ermordeten Verwandtschaft. Bomama war überdies zu stolz, sich als KZlerin anzumelden, sie dachte, sie wäre noch immer die feine Dame und Hausfrau, und nahm die veränderten Lebensverhältnisse nicht zur Kenntnis. Daß Mutter für die Bettwäsche die Kartoffeln eingetauscht hatte, die wir ihr ins KZ schickten, verstand Bomama auch nicht. (...)

Zu Hause wurde es immer unerträglicher. Zu dem Zeitpunkt, da ich das Bad in der Küche (sprich Waschmuschel) benützen wollte, um in die Arbeit zu gehen, stand Bomama meistens auf. Früher wollte ich nicht, da ich ja so lange ausschlief, wie es nur möglich war. Außerdem, wäre ich früher aufgestanden, wäre sie sicher auch zum selben Zeitpunkt in die Küche gewandert, es war eine reine Prestigefrage. Nach ihrer Deportation und Rückkehr aus dem KZ und Internierungslager war sie wieder das „Oberhaupt" der Familie. Außerdem entstand durch die unglückliche Lage meines Zimmers zwischen großem Speisezimmer und Bomamas und Mutters Schlafzimmer in der kargen Freizeit (damals war ja auch an Samstagen Dienst bis Mittag) bei Schlechtwetter ständig Grund zu Streitigkeiten. Noch immer lag Tante Mutzi eng umschlungen mit Bomama auf meinem Diwan, der direkt neben meinem Schreibtisch stand, und war die für mich so lästige Besucherin endlich weg, durfte ich nicht so laut Radio spielen oder Freunde einladen, das war jetzt vorbei. Dazu muß man nämlich wissen, daß mein Bruder im Krieg geheiratet hatte und die große Wohnung geteilt worden war, so daß ich mein geliebtes Kabinett nicht mehr hatte und in Bomamas Wohnungsteil übersiedeln mußte. Ich erstrebte also

mit allen Mitteln eine Lösung, und die hieß Heirat! (...)
1953: Großmutter hatte endlich eingesehen, daß es keine Schande war, im KZ gewesen zu sein, und da es ihr und Mutter finanziell sehr schlecht ging, alle Porzellansachen und sonstigen Gegenstände von Wert, wie Bestecke und dergleichen, waren verkauft, hatte sie sich entschlossen, um die ihr gesetzlich zustehende Rente einzureichen. Großmutter mußte jetzt einen Beweis erbringen, mit genauen Daten, wann sie ins KZ geholt worden war, und da war mein Notizbuch, in dem ich die täglichen Ereignisse vermerkt hatte, für die Kommission, die über die Bewilligung der Rente entschied, von entscheidender Bedeutung. Auf Grund meiner Aufzeichnungen erhielt Bomama nun eine monatliche Rente zuerkannt, von der sie und Mutter leben konnten. (...)
Am 25. Februar 1955 um halb zwei Uhr nachts verstarb Bomama. Ich fuhr gleich zu Mutter, und sie war wirklich gefaßt, denn die letzten Tage war ihr geliebtes Mutterl schon recht verwirrt gewesen. Einmal, als ich zu Besuch war, bildete sie sich ein, im Zimmer, wo Stefan, der jüngere Sohn meines Bruders Fritz, war, gäbe es Hochwasser. Sie schrie in kurzen Abständen, Stefferl müsse ertrinken. Da ging ich zu ihr hin, sagte ihr ganz ruhig, das mit dem Hochwasser stimme, aber ich habe soeben Stefferl schwimmen gelernt, und es könne ihm nichts geschehen. Da war sie tief befriedigt und gab Ruhe. Am 1. März war im Krematorium des Zentralfriedhofs das Begräbnis. Bomama war stets eine Dame gewesen. Was macht eine Dame aus? Sie bewahrte in jeder Situation Haltung, ließ sich niemals gehen,

war nie unbeherrscht, was sicher auf die strenge Erziehung in ihrer Kindheit zurückzuführen war. Andererseits verstand sie es sehr gut, einen anderen Menschen zu beherrschen, war sehr eigensinnig, und ich bin überzeugt, die Ehe meiner Mutter wäre vielleicht nicht gescheitert, wäre Bomama nicht so eine dominante Persönlichkeit gewesen.

Daß ich ihren Tod nicht so schmerzlich empfand, lag daran, daß nach Bomamas Rückkehr aus dem KZ und aus dem Lager in der Schweiz ständig ihre Freundin Mutzi zu Besuch war, das heißt, beide alten Frauen lagen auf dem Sofa, und Mutzi lebte tagsüber bei Bomama. Als Mutzi ihrem Sohn nach Amerika endlich nachfuhr, war Bomama, vom KZ körperlich völlig gebrochen, nur mehr ein Pflegefall, und Mutter war selig, ihr dienen zu dürfen. Ein Verhalten von meiner Großmutter war bemerkenswert: Sie sprach niemals von Rache oder Vergeltung den Nazis gegenüber. Das war auch ein Produkt ihrer Erziehung, daß sie niemals die Obrigkeit kritisierte.

# Vierzig Jahre als Bauernmagd

KATHARINA MITTERBACHER

Katharina Mitterbacher wurde 1920 als ältestes Kind einer Bauernmagd in der Steiermark geboren. Ihre Großmutter und ihre Mutter waren bei Bauern als Dienstmägde tätig. Auch sie selbst arbeitete bis 1946 als Magd.
Frau Mitterbacher wurde 1985 durch die Radiosendung „Familienmagazin" über Lebenserinnerungen älterer Menschen angeregt, selbst Aufzeichnungen über ihr Leben zu verfassen.
Teile davon kamen bereits im Band 5 dieser Reihe, „Mägde" (1985), herausgegeben von Therese Weber, zur Veröffentlichung. Die folgenden Textpassagen stammen aus dem Band „Mägde" und aus Briefen, die Frau Mitterbacher 1991 an den Herausgeber dieses Bandes schrieb.

Meine Großmutter väterlicherseits wurde 1876 geboren. Sie entstammte einer kinderreichen Bergkeuschlerfamilie, die nur eine Kuh besaß. (...)
Großmutter kam mit zehn Jahren von zu Hause weg und mußte zu einem Bergbauern gehen, wo sie wenigstens etwas mehr zu essen hatte. An Bekleidung besaß sie nur das, was sie am Leibe trug. Ihre Mutter gab ihr etwas Zwirn, Wolle und eine Nähnadel mit, die sie in ein Taschentuch gebunden hatte. Mehr als vierzig Jahre diente Großmutter als Bauernmagd, meist war sie als Sennerin tätig. Am Morgen hatte sie oft keine Zeit, sich zu frisieren.
Sie kämmte sich abends und band ein Kopftuch zum Schlafengehen um. Es gab kaum eine Möglichkeit zu heiraten, und so gab es bei den ledigen Mägden ledige Kinder. Auch meine Großmutter blieb

vom Schicksal nicht verschont. Sie hatte eben dann einmal auch ein Wickelkind, das sie am Tage nur selten betreuen und trockenlegen konnte, weil die sonst sehr frommen Bauern ihr nicht erlaubten, ihre Arbeit zu unterbrechen. Sie war oft den ganzen Tag nicht zu Hause, weil die Wiesen und Felder ein bis zwei Gehstunden vom Hof entfernt waren. Das Kleinkind wurde von der Bäuerin „versorgt". Das kleine, arme Wesen war am ganzen Körper wund. Erst am späten Abend, wenn sie mit ihrer Arbeit fertig war, konnte sich Großmutter um ihr Kind kümmern. Das Kind weinte oft halbe Nächte vor Schmerzen, die Großmutter vor Verzweiflung. Sie mußte bei Tagesanbruch aufstehen.

Sie bekam keinen Lohn und mußte für Kost und Quartier arbeiten, weil sie eben ein kleines Kind hatte. Das Kleinkind ist gestorben, es war ein Mädchen. Ein zweites Kind starb auch auf ähnliche Weise. (...)

Mein Vater war ihr drittes Kind, das trotz aller Torturen, die Großmutter bei den Bauern mit ihm erlebte, überlebte. Sie mußte mit dem Kleinkind, und auch später, als Vater im schulpflichtigen Alter war, in einem Bett im Stall bei den Rindern schlafen. Man frage nicht, wie das Bett aussah, abgesehen davon, daß es alles eher als rein war, die Bettwäsche war auch feucht vom Stalldunst. Es kam nicht selten vor, daß Rinderkot ins Bett gelangte. Im Winter tropfte es oft von der Stalldecke, das war das Kondenswasser. Im Sommer war es ja besser, Großmutter verbrachte viele Jahre als Sennerin auf den Almen, was aber auch nicht immer ein Honiglecken war.

In ihrer vierzigjährigen Dienstzeit bei den Bauern gab es allerlei Erlebnisse, aber wenig Erfreuliches. Ihre Freude waren die Rinder, die sie mit Herz betreute, im Sommer auf der Alm und im Winter auf dem Hof zu Hause. Als ihre Kraft nachließ und sie diese schwere, verantwortungsvolle Arbeit nicht mehr ausführen konnte, kam sie zu uns, so ungefähr mit fünfzig Jahren. Obwohl Großmutter so viele Jahre in der Landwirtschaft als Betreuerin von Rindern, der Bauern höchstes Gut, den Dienst versah, hatte sie keine Rente, weil kein Bauer Sozialversicherung bezahlte.

Mein Vater war Fabriksarbeiter, wir hatten nur einen Wohnraum für sechs Leute (Großmutter, meine Eltern und drei Kinder). Die Großmutter hatte im Ersten Weltkrieg Kriegsanleihe gezeichnet, mit diesem Geld wurden angeblich Zinshäuser in Wien gebaut. Von diesen Mieten erhielt sie zehn Schilling im Monat, eine Art Rente, das war ihr ganzes Bargeld. Kleinrentnerverband hieß diese Institution. Zur Erläuterung des Geldwertes: Um zwanzig Schilling konnte man ein Paar Schuhe kaufen, bessere Schuhe kosteten dreißig Schilling.

Weil meine Mutter des öfteren beim Bauern, wo wir wohnten, als Taglöhnerin arbeitete, betreute uns Kinder die Großmutter. Im Winter strickte sie für fremde Leute, so auch für Bauern, Socken und Strümpfe, dafür bekam sie etwas Fleisch, Butter oder Brot, da es auch den Bauern an Geld mangelte. Andere wieder bezahlten mit Geld, was ja sehr rar war. (...)

Großmutter konnte nur eine zweiklassige Volksschule besuchen, sie hatte trotzdem eine gute Rechtschreibung; sie kannte nur die Kurrentschrift, die schon viele Jahre in der Schule nicht mehr gelehrt wird. Wißbegierig war unsere Oma sehr, sie las alles, was ihr in die Hände kam. Die „Stadt Gottes", so hieß eine kirchliche Lektüre, deren Inhalt hauptsächlich von der Missionstätigkeit der katholischen Kirche handelte und wo auch viele Abbildungen zu sehen waren, war für sie ganz wichtig. Diese Zeitschrift erschien einige Male im Jahr. Vom Kleinrentnerverband gab es auch eine Zeitung, die monatlich erschien. Da war ihr Interesse ganz besonders groß, es gab darin viele politische Informationen aus ganz Österreich. Im Pfarrhof gab es eine Leihbibliothek, wo sie sich auch Bücher ausborgte. Ganghofers Romane waren bei ihr besonders gefragt. Man könnte sagen, sie war für die damalige Zeit eine Leseratte. Als Großmutter bei den Bauern im Dienst war, gab es keine Zeit zum Lesen, ich nehme an, auch keine Zeitungen, um den Lesehunger zu stillen.

Schule und Lehrer waren bei ihr in Ehre. Wenn wir gute Zeugnisse nach Hause brachten, freute sie sich, und wir bekamen einen Schilling. Ihr Spruch war: „Eltern und Schule müssen zusammenhalten." (...)

Die Großmutter ging mit uns Kindern Himbeeren pflücken für Himbeersaft, ab und zu blieben auch ein paar Kilo für den Verkauf, je nachdem, wie die Ernte ausfiel. Auch Schwarzbeeren und Preiselbeeren wurden für den Hausgebrauch gesammelt. Die Großmutter wußte als alte Sennerin meistens die Plätze, wo man diese kostbaren Früchte finden konnte. Wenn das Wetter passend war, daß Schwämme und Pilze wuchsen, wurden auch diese zur Bereicherung des Speisezettels aus dem Wald geholt. Die Großmutter hatte zwar keine gute Meinung von dieser Ernte aus dem Wald, sie sagte immer: „Die Schwamm sind der Welt ihre Kretzn", das heißt soviel wie Hautausschlag. Für die Preiselbeeren und Schwarzbeeren gab es einen mehrere Kilometer langen Anmarsch, es ging über Berg und Tal. Da war ein Tag zu wenig. Es mußte bei irgendeiner Sennhütte im Heu übernachtet werden. Weil ich das Älteste der Kinder war, mußte ich Großmutter begleiten und tragen helfen. Im Herbst ging sie mit uns auch in den Wald, um Haselnüsse zu sammeln, um für den Sonntag zum Frühstück eine Nußpotize zu bekommen, denn zum Kauf von solch leckeren Bissen war kein Geld da. (...)

Schwarzen und roten Holunder sammelte Großmutter zur Reifezeit auch. Aus ersterem wurde eine Art Kompott oder Sauce zu diversen Mehlspeisen zubereitet. Vom roten Holunder kochte sie eine Sülze, die im Winter als Heilgetränk gegen Fieber in Wasser aufgelöst wurde. Durch sehr langes Kochen gewann sie aus dem roten Holunder auch Öl. Da war die Ausbeute sehr gering, aber sehr wertvoll. Bei Wundverletzungen fand es seine Verwendung, es hatte große Heilkraft. In unserer Familie kannten wir kaum einen Arzt, weil Großmutters Naturmedikamente verwendet wurden. (...)

Die Großmutter war eine sehr gläubige Frau, sie ging alle Sonntage zur Kirche, wobei sie Wert auf schöne Kleidung legte. Das schwarze Seidentuch am Kopf richtig zu binden, war eine echte Kunst. Im Advent ging sie täglich zur Kirche, es wurde keine Rorate ausgelassen. (...)

Sie erzählte uns einmal von einem Erlebnis bei einer Beichte. Sie betrachtete es als Sünde, daß sie in der Kirche während einer Messe eingeschlafen war, und beichtete nun, daß sie unaufmerksam gesessen war und geschlafen hatte. Darauf sagte der Priester zu ihr: „Wenn Sie sich sonst nicht ausruhen, sollten Sie nur noch öfter die Messe besuchen!"(...)

Die Großmutter Katharina Mitterbachers.

Wie Mädchen eben sind, haben wir öfter in den Spiegel geschaut, meine Schwester und ich. Da gab es ab und zu Schelte von Großmutter: „Ihr hoffärtigen Fratzen, denkt an eure Sterbestunde, den eitlen ‚Menschern' (sprich Mädchen) wird der Teufel glühende Asche ins Gesicht werfen!"
Sie predigte uns, am Sonntag nur ja immer zur Messe zu gehen, denn sie sagte: „So wie der Sonntag, so dein Sterbetag." Dieser Spruch bewahrheitete sich leider nicht. Großmutters Leben war nicht auf Rosen gebettet, und ihr Lebensabtritt war furchtbar. Sie starb 1949 an Krebs, man könnte sagen, sie verfaulte bei lebendigem Leib.

# ... von allen wegen ihrer Stärke bewundert

FRANZISKA MERITZ

Franziska Meritz (geb. Rouce) wurde 1920 als jüngstes von drei
Geschwistern in Wien geboren. Sie wuchs in einer Arbeiterfamilie im 20. Wiener Gemeindebezirk auf. Die Eltern waren
tschechische Zuwanderer aus Böhmen.
Nach einem Aufruf in der Radiosendung „Familienmagazin"
im Jahre 1983 begann Frau Meritz ihre Lebenserinnerungen niederzuschreiben. Im folgenden erzählt sie von ihren Feriener-
lebnissen in der Zwischenkriegszeit bei ihrer Großmutter
mütterlicherseits, Maria Kantor, verh. Vachel (1855-1949) in
Nespice bei Wolin im Böhmerwald.

Die großen Sommer-Schulferien verbrachte ich mit
meiner Mutter immer im Böhmerwald im kleinen
Dorf Nespice, wo meine Mutter geboren wurde und
wo ihre Mutter, meine Großmutter, lebte.
Großmutter war schon damals eine sehr alte Frau.
Sie war nicht sehr groß, mager und hatte keinen
Zahn mehr im Munde. Sie ging leicht gebückt, die
Hände meistens auf dem Rücken verschränkt. Sie
freute sich immer sehr, daß wir kamen. Vor der
Schwelle des Hauses, auf den ausgetretenen Stein-
stufen, erwartete sie uns immer und begrüßte uns
mit einem segnenden Kreuz auf die Stirne. Sie strich
mir über den Kopf und sagte jedesmal: „ Mein Gott,
bist du aber wieder gewachsen!"
Wir siezten Großmutter alle, das war damals so der
Brauch. Mir, als Stadtkind, die ich meine Eltern per
du ansprach, kam das zwar sehr komisch vor, aber
nachdem es alle taten, gewöhnte ich mich daran.
Großmutter hatte immer nur ein zartes Lächeln im

Gesicht, nie hörte ich sie laut lachen. Ich liebte und achtete sie sehr. Das Dorf im Böhmerwald, in dem Großmutter lebte, war ein kleines Nest mit fünfundsechzig Häusern in einem Tal zwischen kleinen Hügeln und großen Bergen, mit viel Wald und wenig landwirtschaftlich genutzter Fläche. Es gab aber viele Wiesen und Weideland. (...)

Mutter und ich wohnten immer im Nebenhaus bei einer Kusine. Bei der Großmutter, die im Ausgedinge wohnte, war im Haus für uns kein Platz. Wir hatten aber nicht weit zu gehen, ich kletterte immer über einen Zaun und war schon im Garten von Großmutter. Meine Großmutter wohnte in einer winzigen Kammer mit einem winzigen Fenster. Darin standen ein schmales Bett, ein ovaler Tisch, zwei Stühle, ein Kasten mit einer Glasvitrine, eine Truhe und ein kleiner Ofen.

Die Glasvitrine hat mich immer am meisten interessiert. Darin standen buntbemalte Porzellanhäferln und kleine Vasen, geschmückte Kerzen, Heiligenbilder und Rosenkränze. Großmutter saß oft lange mit mir vor ihren Schätzen und erzählte mir von ihrer Herkunft, von den vielen Wallfahrten, die sie in ihrem Leben gemacht, und den Wallfahrtsorten, die sie dabei besucht hatte.

Diese Wallfahrten wurden immer zu Fuß gemacht, oft viele Kilometer weit. Viele Tage war sie meist unterwegs, oft allein, oft in einer Gruppe vom Pfarramt in Begleitung eines Pfarrers. Da schlossen sich in jeder Ortschaft, durch die sie gingen, viele Menschen an. Es wurde den ganzen Weg gebetet und gesungen, schöne, alte Kirchenlieder. Die Nacht wurde in Kirchen und Pfarrämtern verbracht. Als Großmutter noch eine junge Frau war, ging sie fast jedes

Jahr zur Wallfahrt, oft sogar zweimal im Jahr. Einmal fragte ich Großmutter, warum sie diese Wallfahrtsmühen und Strapazen so oft auf sich nahm, wo man doch in jeder Kirche zu Gott beten kann. Ob man bei der Wallfahrt um etwas Besonderes betet und ob ihre Gebete erhört wurden? Großmutters Antwort habe ich bis heute nicht vergessen:

„Bei einer Wallfahrt ist man Gott näher, man betet inniger und ist durch nichts abgelenkt. Man darf von Gott keine Wunder erbeten oder gar erwarten. Gott weiß allein, was einem zusteht und wieviel Bürde er uns auflasten kann. Ich dankte Gott immer für unser aller Leben und Gesundheit. Für mich erbat ich immer die Kraft, um alles in Demut ertragen zu können, was Gott mir an Prüfungen auferlegt hat. Oft war ich der Verzweiflung nahe, wenn die Last und die Sorgen mich zu erdrücken drohten. Dann fand ich immer bei der Wallfahrt Trost und Stärkung. Ich hoffe, daß ich in Erfüllung der Zehn Gebote gelebt habe und daß Gott meiner armen Seele einst gnädig sein wird."

Von jeder Wallfahrt brachte Großmutter ein Andenken mit. Die Häferln waren bunt bemalt, mit Blumen oder Ansichten, und mit Gold verziert. Die kleinen Blumenvasen waren auch reichlich verziert oder aus dünnem böhmischem Glas. Die geweihten Kerzen waren auch geschmückt, mit Papierrosen und Goldbändern.

Eine der Kerzen war für Großmutter bestimmt, wenn sie ihre Augen für immer verschließen würde. Die bunten Heiligenbilder standen angelehnt an die Häferln und Vasen, dazwischen viele Fotos von ihren Kindern und uns Enkelkindern. Auch ein altes Buch mit vergilbten Blättern lag dazwischen. Darin gab es Heiligenlegenden, Bilder und Spalten über das Wetter während der Jahreszeiten. Vielleicht war es eine Art Kirchenkalender, ich weiß es nicht mehr genau. Es gab darin viele Eintragungen über Geburten und Todesfälle. Das Buch war schon seit Generationen im Besitz von Großmutters Familie. Manchmal blätterte Großmutter darin und las mir daraus Begebenheiten vor, die einer ihrer Vorfahren eingetragen hatte, wie z. B.:

„Heute zu St. Anna hat Hagel alle Früchte auf den Feldern vernichtet."

Oder:

„Zu St. Stefan ist uns ein gesunder Sohn geboren, Gott sei gedankt, denn nach vier Töchtern hatten wir schon gar keine Hoffnung mehr auf einen Erben."

Oder:

„Unsere Kuh, die Schecke, ist gestürzt, am Weg zum Stall, hat das Kälbchen verloren, mußten Kuh töten, Kälbchen ist sehr schwach, Gott sei uns gnädig, wie sollen wir den Winter ohne Milch überstehen."

Oder:

Ein Vieh, vielleicht der Iltis, hat uns heute Nacht fünf Hennen getötet. Der Hund war wieder einmal außer Haus strawanzen. Habe ihn sehr bestraft."

Stundenlang konnte ich Großmutter zuhören. Jedesmal, wenn sie das Buch zur Hand nahm, um mir vorzulesen, küßte sie es erst. (...)
Wenn im Dorf Kirtag war, bekamen alle Enkelkinder, die entweder gerade auf Besuch waren oder im Dorf lebten, von der Großmutter ein Fünfkronenstück. Sie hatte in einem der Häferln in ihrem Glasschrank diese Münzen aufbewahrt und das ganze Jahr über für ihre Enkelkinder erspart.

Wenn wir mit Großmutter in den Wald gingen, aß sie manchmal einen Apfel. Sie schnitt ihn in der Mitte durch und aß mit einem kleinen Löffel aus den Hälften nur das Fruchtfleisch, sie hatte ja keine Zähne mehr. Mir gab sie dann die Schalen und sagte: „Du hast gute Zähne, du kannst das gut essen!" Ich war es aber nicht gewohnt, nur Apfelschalen zu essen, in Wien gab mir meine Mutter ja auch immer einen ganzen Apfel in die Schule mit. Ich lutschte deshalb nur an den Schalen herum, tat so, als würde ich sie essen, und warf sie in einem Augenblick, in dem Großmutter wegsah, fort, denn ich wollte sie ja nicht beleidigen.

Wir gingen oft in den Wald, ganz zeitig in der Früh, fast noch im Dunklen. Wir halfen Großmutter beim Schwämmesuchen, Beerenpflücken oder Holzklauben. Damals gab es in den Wäldern noch sehr viele Pilze und Eierschwämme. Oft sammelten wir an einem Vormittag 10 bis 15 kg Schwämme. Sie wurden sofort im Wald sauber geputzt und sortiert. Manche wurden für uns zum Mitnehmen nach Wien getrocknet, die kleinen legte Mutter in Essig ein, und zum Nachtmahl gab es dann geröstete Schwammerln mit Eiern. Der Rest, oder wenn wir schon genug für uns hatten, wurde verkauft. In einem Nachbardorf wurden diese Schwämme übernommen und von Lastautos aus der Stadt abgeholt. Dasselbe machten wir mit Heidelbeeren, Preiselbeeren und Himbeeren. All diese Beeren wuchsen in den Wäldern in großen Mengen. Das Beerenklauben war eine mühsame Arbeit, und da ging ich gar nicht gerne mit. Am Abend mußten dann die Beeren noch gereinigt werden. Großmutter stellte ihren ovalen Tisch auf einer Seite auf zwei Ziegeln, dann legte sie auf die Seiten Tücher. Zwischen diesen Tüchern ließen wir dann die Beeren langsam über den Tisch hinunterrollen, wobei Blätter oder zerdrückte Beeren liegenblieben. Von den Beeren bereitete Großmutter gute Säfte. In große Gurkengläser schichtete sie immer eine Lage Beeren, eine Lage Zucker. Die Gläser stellte sie ins Fenster in die Sonne, bis der Zucker zergangen und das Glas voll herrlich riechendem Saft war. Auch die Beeren, die wir nicht für uns verbrauchten, wurden verkauft. Es waren oft viele Kilo. Es wurde dafür nicht viel bezahlt, aber die Menge machte doch mit der Zeit ein schönes Sümmchen. Das Geld gehörte immer alles der Großmutter. Mutter half ihr damit den ganzen Sommer, damit sie sich etwas Geld sparen konnte. Die Eltern meiner Großmutter hatten ursprünglich ein Gasthaus besessen. Mein Großvater war hingegen nur der arme Sohn einer Hebamme, und die Eltern der Großmutter waren am Anfang gegen die Heirat. Sie stimmten aber schließlich doch zu und gaben Großmutter eine reichliche Mitgift. Meine Großmutter hat in ihrem Leben zehn Kinder geboren, acht davon überlebten. Großmutter bezog nur nach einem Sohn, der im Ersten Weltkrieg gefallen war, eine winzige Rente. Es war dies ihr jüngster Sohn gewesen, der damals noch bei seiner Mutter war und eigentlich für sie zu sorgen hatte.

Großvater verunglückte noch in jungen Jahren, blieb zeitlebens ein Krüppel und konnte keiner Arbeit mehr nachgehen. Großmutter mußte daher alles alleine machen. Sie trug z. B. die großen, bis zu vierzig Kilo schweren Mehlsäcke, die vom Müller kamen, und manchmal trug sie sogar den Großvater. Sie wurde von allen wegen ihrer Stärke bewundert.

Großvater machte nur kleine Arbeiten im Haus , fertigte Holzschuhe, Holzschindeln für Dächer, Kochlöffel, Körbe, Besen usw. an. Großmutter bezog nach Großvater keine Rente, und so mußten alle Kinder zu ihrem Unterhalt etwas beitragen.

Großmutter war sehr bescheiden und versicherte immer, sie hätte alles, sie brauche nichts. Wenn wir zu ihr kamen, brachten wir immer alte Ärmel, die von alten Jacken abgenäht wurden, mit. Großmutter hatte schon starken Rheumatismus und zog sich diese Ärmel als Kniewärmer über die Beine an. Sie trug ihre Röcke und Kittel, ihre Schürzen und Umhängetücher jahrzehntelang. Wenn ihr meine Mutter eine neue gestrickte Weste brachte - wir hatten in Wien zu Hause Strickmaschinen, und meine Eltern übernahmen für große Betriebe Lohnstrickarbeiten - so schimpfte sie immer und beteuerte, daß ihre alte Weste noch sehr gut wäre.

Bis zu meinem dreizehnten Lebensjahr fuhr ich während der Schulferien im Sommer immer zu meiner Großmutter in den Böhmerwald. Nach der letzten Hauptschulklasse wollte ich nicht mehr so gerne hinfahren, das Spielen mit den Kindern im Dorf, das mich jahrelang sehr begeistert hatte, interessierte mich in diesem Alter nicht mehr so sehr, und so fuhr ich in diesem Jahr zu zwei meiner Tanten nach Prag. Auch in den darauffolgenden Jahren besuchte ich meine Großmutter nicht mehr regelmäßig. Während des Zweiten Weltkriegs und in den Jahren danach ist die Großmutter immer im Winter nach Prag zu einer ihrer Töchter gefahren. Sie war dort nie sehr glücklich, die Wohnung der Tochter war klein, sie hatte nur ein Zimmer und eine winzige Küche und lag noch dazu im dritten Stock. Aus dem Fen-

Franziska Meritz mit ihrer Großmutter, Maria Kantor,
verh. Vachel, Nespice/Böhmerwald (rechts mit Kopftuch);
Zwischenkriegszeit.

ster konnte Großmutter nur die Häuser, Kirchtürme
und Wolken, nicht aber Bäume sehen. Im Frühjahr
fuhr sie deshalb bald wieder ins Dorf zurück.
Die Geschichte vom Tod meiner Großmutter im Jahre 1949 habe ich nur erzählt bekommen. Es war gerade Sommer, und die Großmutter war schon sehr
schwach, sie war bereits 94 Jahre alt. Sie ernährte
sich nur mehr von Kaffee mit eingebrocktem Brot.
Eines Abends ging sie hinter dem Haus eine kleine
Böschung hinauf, um an der untergehenden, roten
Sonne das Wetter für den nächsten Tag abzulesen,
denn sie wollte in den Wald gehen. Dann ging sie
wieder zurück ins Haus und legte sich schlafen. Am
nächsten Tag stand sie nicht mehr auf, und als
jemand nachsehen kam, lag sie tot im Bett. Der her-
beigerufene Arzt meinte, sie wäre einfach an Alters-
schwäche gestorben.

# Kochen konnte die Großmutter ...

MARIA FOCHLER

Maria Fochler wurde 1922 als ledige Tochter einer Dienstmagd in St. Stefan ob Stainz in der Weststeiermark geboren. Sie verbrachte ihre ersten zehn Lebensjahre bei den Großeltern väterlicherseits. Frau Fochler arbeitete später als Dienstmädchen, als Fabriksarbeiterin und führte dann bis zu ihrer Pensionierung 1982 ein kleines Geschäft in Hainfeld (Niederösterreich).
Im Ruhestand nahm sie an einem literarischen Arbeitskreis teil. Das Niederschreiben von Erlebtem betrachtete sie als „eine Art Hobby". Teile ihrer lebensgeschichtlichen Aufzeichnungen wurden bereits im Band 5 dieser Reihe, „Mägde" (1985), herausgegeben von Therese Weber, veröffentlicht.

Im Jahr 1921, als ich bereits unterwegs war, sagte mein Vater meiner Mutter klipp und klar, daß er sie nicht heiraten könne, weil er ja schließlich ein Gewerbe erlernt habe, sich selbständig machen wolle und zu diesem Behufe eine Frau mit Mitgift oder sonstwo einheiraten wolle. Meine Mutter war Vollwaise, ihr erspartes Geld war durch die Inflation verlorengegangen. Die Einwendungen von Mutter, wohin sie sich nun als Magd wenden solle, nahm mein Vater gelassen hin. Für solches könne gesorgt werden, da seine alten Eltern sowieso einer Stütze bedürften, sei in ihrem Hause für Mutter und mich vorläufig Platz. Mein Vater wohnte schon lange nicht mehr daheim, so übersiedelte meine Mutter kurz vor der Geburt zu meinen Großeltern väterlicherseits. Es blieb ihr einfach gar keine andere Wahl. Die Großeltern waren bereits fast siebzig bzw. über siebzig und hatten Hilfe nötig. Mutter blieb aber nur ein Jahr bei meinen Großeltern. Sie konnten Mutter für die Arbeit nichts geben. Mutter und ich hatten aber auch manches nötig. Sie ging daher wieder als Magd. So wurde ich im Haus der Großeltern väterlicherseits bei St. Stefan ob Stainz in der Weststeiermark am 5. Jänner 1922 geboren, also im tiefsten Winter, und wurde auch noch am selben Tag getauft. Wenn jemand glaubt, daß das Binkerl in die Kirche zu tragen nicht gerade Schwerarbeit war, der irrt gewaltig. Nach St. Stefan in die Kirche hatten wir eine Stunde Wegzeit, und Fahrwege gab es damals nur da und dort. Man muß sich die Religiosität der damaligen Menschen einmal vorstellen können. Meine Großmutter soll gesagt haben: „Jetzt, nach der Taufe, kann sie schon sterben." Mutter war entsetzt. (...)

Großvater war die Güte in leibhaftiger Person. Er sollte Priester werden, heiratete Großmutter aber noch vor den Weihen. Er mußte sich von Großmutter schon so manchen Rempler anhören, über das unvorstellbar arme Leben, das Großmutter in all ihren Ehejahren gezwungen war zu führen. Beide waren ursprünglich aus begütertem Hause, sie hatten eine Wirtschaft. Großvater hatte nicht wirtschaften gelernt, er konnte nie für seine Familie sorgen. Die Wirtschaft wurde versteigert, nur der Weinberg blieb, mit dem man sich mühevollst durchbrachte.

Die Großeltern waren zuletzt gut und gern sechzig Jahre verheiratet. Die Goldene Hochzeit, ja, die wurde gefeiert, zwar nicht aufwendig, aber immerhin gefeiert. Ein Lackerl Wein war ja immer im Keller, aber wenn Großvater hingehen wollte und fragte, ob ihm Großmutter ein Bröckerl Brot mitgebe, so war nicht immer Brot da. Eine von den Töchtern soll einmal vorwurfsvoll zu Großmutter gesagt haben, daß Brot doch kein Luxus sei, aber keines ihrer Kinder fragte so recht, ob sie sich diesen Luxus auch ständig kaufen könne. (...)

Großes Vertrauen müssen diese Menschen gehabt haben, weil bei uns nie abgesperrt wurde, weder im Sommer noch im Winter. Mancher sagte: „Was, ihr sperrt nicht ab?" „Wozu?", fragte die Großmutter. „Wir haben eh nichts zum Stehlen, und wenn jemand einen Binkel hereinschmeißt, kann es uns nur recht sein." (...)

Die Großmutter las leidenschaftlich gern. Ihre Kinder mußten für sie alles Lesbare aufheben, weil sie sich ja nichts kaufen konnte. Ich weiß noch, daß sie diese Literatur in schweren Taschen und wohl auch einmal auf dem Rücken den Berg hinauf heimtrug, um es meistens in der Nacht bei der Petroleumlampe zu lesen. Das bestätigte mir auch meine Mutter. (...)

Die Großmutter hatte noch im Alter eine ungemein liebliche Stimme, aber keine große Stimmfülle. Wo man sich auch immer befand, bei der Weingartenarbeit, bei der Jause, in einem Keller oder Eigenbau, überall mußte angesungen werden. Das gehörte einfach dazu. (...)

Großmutter hatte einen großen, gesetzten, an drei Seiten freien Sparherd, der gar nicht so recht in diese Armeleutkuchl paßte. Er hatte zwei Etagen Backrohr und eine Wasserwanne drüber, mit einer Messingfront und einem Wasserhahn. Zu den größeren Feiertagen war es sehr idyllisch. Großmutter schoppte immer die zum Schlachten bestimmten Hennen und Hähne, dann waren sie schön fett. Sie briet sie im

Rohr in einer übergroßen Bratpfanne und umlegte sie dick mit geschälten Kartoffeln. Andauernd belauerte sie ihr Werk in der Röhre und begoß es von Zeit zu Zeit. Das war vielleicht ein Feiertagsbraten! Vor dem Essen wurde noch stehend gebetet.

Kochen konnte die Großmutter, das muß man ihr lassen. Immer zauberte sie irgendeine Speise zusammen, wo doch der Greißler eine Stunde weit weg und das Geld knapp war. Die verschiedensten Kräutlein hatte sie in ihrem Gemüsegarten. So z. B. machte sie eine „falsche Rindssuppe": Kleine Kartoffeln schälen und mit verschiedenen Kräutern kochen, dann abseihen, die Kartoffeln weglassen und selbstgemachte Nudeln einkochen, mit Maggi verfeinern und wohl auch schmalzen, das ergab eine gute Suppe. Natürlich darf man einer solchen Bedürfnislosigkeit keine Träne nachweinen. Aber es war halt einmal so. Wenn Großmutter bei einem ihrer Gänge nach Stainz einige Kilo Rindfleisch heimbrachte, so portionierte sie es sorgsam, wickelte es in Weinblätter ein und legte es im Weinkeller auf die Erde, so blieb es länger frisch, auch ohne die heutigen Kühlvitrinen. (...)

Einmal, bei einer Familienzusammenkunft, meinten die Kinder, daß man den Wein verkaufen sollte, um das Dach richten zu lassen. Da kamen sie der Großmutter gerade recht! Tagelang räsonierte sie herum: „Die Kinder vergönnen einem nicht einmal das Lakkerl Wein", sagte sie, und das Dach blieb weiterhin stellenweise undicht. (...)

Ich war viel unterwegs, weil ich daheim ja keine Spielgefährten hatte und es gleich beim Nachbarn Kinder wie die Orgelpfeifen gab. Das „Zulln", wie Großmutter zu meinem Abhandensein immer sagte, gefiel ihr gar nicht. Sie meinte immer, daß ich Läuse und Flöhe heimtragen würde. Die brauchte ich nicht heimzutragen, die hatten wir selber zu Hause genug.

Bei der Goldenen Hochzeit der Großeltern in der Trauungskirche Stainz sollen sehr viele Menschen gewesen sein. Nicht einmal dabei wurde allerdings fotografiert, wir waren zu arm. Daher gibt es auch keine Bilder von meiner Großmutter. Meine Mutter mußte herbei zum Haushüten, weil ich einfach noch sehr klein war. Großmutter soll ein schönes neues Mantelkleid bekommen haben - die Kinder hatten zusammengesteuert – aber sie brauchte immer fremde Hilfe beim An- und Auskleiden. Mag sein, daß sie schon ungelenk war, sie war recht mollig, es war ein maßgeschneidertes Kleid, paßte genau und hatte einen viel zu engen Einschlupf bzw. Ausschnitt. Was die Leute damals dumm waren! Es war dies, wie man sagte, Großmutters schönstes Kleid in ihrem Leben. Ich half ihr noch oft, als Großvater schon tot war, bei der An- und Ausziehmarter. (...)

Ich erinnere mich nur an einen einzigen Kleiderkasten, den die Großeltern hatten, und der war nur eintürig. Aber einen schönen Schubladenkasten hatten sie. Einige Wäschkörbe standen immer herum, beladen mit Alltagskleidern und Fetzen. Von Zeit zu Zeit kam immer ein Enkelkind oder auch eine andere Person, die die Wäsche reinigte und ausbesserte. Großmutter konnte das nicht mehr. (...)

Ich sehe sie heute noch vor mir. Ein langes Unterhemd mit kurzen Ärmeln trug sie immer, und beim Zubettgehen kniete sie sich erst einmal mit beiden Beinen in das Bett hinein, um sich erst dann umständlich niederzulegen. (...)

Wenn sie nur zum Einkaufen nach Stainz ging - sie ging nie nach St. Stefan - durfte ich immer mitgehen. Dabei stellte sie mich oftmals vor mit den Worten: „Mei achtzehnte." Viele wußten, was sie meinte, andere schauten recht dumm, konnte ich doch kaum ihr achtzehntes Kind sein. Nein, ich war ihr achtzehntes Kind, das sie insgesamt großgezogen hatte. Mit der Zeit wurde mir das schon ein wenig peinlich, Großmutter hatte ja keinen Rausch, sie war auch keine Trinkerin, nur einen kleinen Schwips konnte man ihr ruhig ankreiden, und das war mir peinlich, obwohl ich noch keine zehn Jahre alt war. (...)

Großmutter hatte es ja schwer, mit den vielen Kindern immer, das nahm ja kein Ende. Kleine Mädchen starben, sie jammerte im Alter immer noch um sie, manches Kind dürfte tot geboren worden sein, andere dürfte sie nicht ausgetragen haben, fest steht, daß die Großmutter in ihren Frauenjahren praktisch immer irgendwie in anderen Umständen war. Man sprach von insgesamt vierzehn Kindern. Der Großvater lebte treu und ehrlich – nach dem göttlichen Gesetz, wonach Liebe nur allein zur Zeugung bestimmt sei, was ihm im Alter das Keppeln und Schurageln seiner Frau, der Großmutter, eintrug. Das sagte mir nicht die Großmutter, sondern meine Mutter, der sie ihr Leben und ihre Ehe erzählte. Jedoch, wie sie um all ihre Habe kam, erzählte die Großmutter auch nicht, das kam oft nur als Zugabe heraus; nur, wie sie sich furchtbar schwer mit ihren Kindern durchschlagen mußte. Sie soll erzählt haben, daß der Großvater wohl ausreichend und gut bei seinem Bruder im Elternhaus zu essen bekam, wenn er dort arbeitete, aber abends oft nur einen

Anschnitt Brot heimbrachte, frei nach dem Motto: „Man hat mir nicht mehr gegeben!" Wie oft hätte Großmutter die Hände über dem Kopf zusammengeschlagen, vor lauter Armut, Hunger und Elend. (...)
Sie liebte mich zweifellos sehr, weil sie, als meine Mutter später heiratete und mich zu sich nahm, mit einem holprigen Pferdefuhrwerk angefahren kam, um mich zu besuchen, und das in ihrem Alter. Sie kniete nieder vor meinem nunmehrigen Stiefvater und bat ihn herzlichst, nur ja gut und nachsichtig mit mir zu sein, weil ich ja bei alten Leuten aufgewachsen sei und so gar keine Erziehung habe. Stiefvater war ein Gutsverwalter und von dieser Frau sehr angetan. In der Nacht wollte sie partout bei mir auf der Ottomane übernachten, die alte Frau, nur um mich zu verspüren, hatte ich doch durch so viele Jahre bei ihr im selben Bett geschlafen, und wir liebten einander sehr. Ich verkraftete die Trennung sicher viel leichter, weil ich ungemein neugierig auf alles Kommende war.

# Um die Existenz kämpfen müssen

## HEDWIG ÖHLER

Hedwig Öhler wurde 1930 in Wien in einer Arbeiterfamilie geboren. Sie schloß ihre Schulausbildung mit der Matura ab und wurde Buchhalterin. Nach ihrer Pensionierung 1984 schrieb sie im Winter 1985/86 für ihre Kinder eine umfangreiche Autobiographie, in der sie vor allem über ihre Kindheit und ihre frühe Jugend erzählt.

In zwei speziellen Teilkapiteln ihrer Autobiographie beschreibt Frau Öhler ihre beiden Großmütter, Anna Mücke, verh. Lehndorfer (mütterlicherseits, 1874-1953), und Maria Gabler, verh. Klement (väterlicherseits, 1867-1945). Einige Ergänzungen zu diesen Abschnitten stammen aus Briefen, die Frau Öhler Ende 1991 für den Abdruck in diesem Band an den Herausgeber schrieb.

### Last und Leidensweg der Anna Mücke

Meine Großmutter wurde am 3.Juni 1874 in Jedlesee (heute 21. Wiener Gemeindebezirk), das damals noch ein Dorf außerhalb von Wien war, geboren. Sie besuchte die dörfliche Volksschule, vermutlich acht Jahre lang. Danach diente sie einige Jahre als Dienstmädchen in Bürger- oder Herrschaftshäusern. Vor ihrer Verehelichung war sie zuletzt als Hemdennäherin einer Wäscheerzeugung beschäftigt. 1894, also mit zwanzig Jahren, heiratete sie meinen Großvater und zog mit ihm nach Budapest, wo dieser eine etwas gehobenere Stellung in einer Fabrik innehatte. 1908 starb mein Großvater (im Alter von 38 Jahren), und meine Großmutter war mit 34 Jahren Witwe. Eine Rente nach ihrem Mann bekam sie nicht.

Anna Mücke, Hedwig Öhlers Großmutter mütterlicherseits;
1942 mit ihren Enkelkindern (ganz rechts Hedwig Öhler).

Meine Großmutter mußte jahrelang alle Lasten des Lebens ganz alleine tragen: die Last des Geldverdienens, die Last der Kindererziehung und die Last der Verantwortung für die fünfköpfige Familie. In der Textilfabrik Pollak & Söhne arbeitete sie 25 Jahre lang um einen Hungerlohn; ohne Urlaub, denn dieser Begriff war damals noch unbekannt, und die Vierzigstundenwoche war auch noch nicht erfunden. Wenn ich nach Jedlesee komme und die Seitenfront dieser Fabrik entlanggehe, vorbei am großen Eingangstor, dann neige ich in Ehrfurcht mein Haupt und küsse im Geist die Hände meiner Großmutter, die hinter diesen Mauern so viele Jahre geschuftet und gerackert hatten. Wer vermag je zu sagen, wie viele Tonnen schwere Stoffballen sie in der Textilfabrik auf ihrem Buckel von da nach dort hat schleppen müssen.

Das geflügelte Wort vom Geld, das sich jemand auf dem Rücken eines anderen verdient hat, das fällt mir immer wieder dazu ein. Um das ohnehin karge Budget mühsamst geringfügig aufbessern zu können, erlaubte man ihr in der Fabrik, am Sonntagvormittag die Holzfußböden in den Büroräumen des Chefs aufzuwaschen. Davon profitierten ihre Söhne, die damit einen Beruf erlernen konnten, für die Tochter reichte es nicht. Als sie mit sechzig Jahren nicht mehr arbeiten konnte, da sie gesundheitlich ein Wrack war, bewarb sie sich um eine Altersrente. Die Sozialgesetze waren damals noch nicht so weit, daß sie für alle Arbeiter eine Altersrente vorsahen. Die Gewährung einer Rente hing von der Bedürftigkeit ab. Man wies sie an, sich um Unterstützung an ihre drei Kinder zu wenden. Meine Großmutter kämpfte einen verzweifelten Kampf mit den Behörden (in ihrem Alter und Gesundheitszustand!), bis es ihr schließlich doch gelang, eine kleine Altersrente zu bekommen. (...)

Nach der Verehelichung ihrer Tochter, meiner Mutter, lebte sie in deren Haushalt und Familie. Ich hatte zu meiner Großmutter stets ein herzlich-inniges Verhältnis. Da sie mir vom ersten Tag meines Daseins an räumlich nahe war, war sie für mich eine Bezugsperson, gleichrangig mit meinen Eltern. Das Ausschlaggebende aber war, daß wir einander seelisch nahestanden. Bei ihr fühlte ich mich geborgen und geliebt. Sie kannte keinen Geiz, Neid, Haß oder andere Untugenden, war tief religiös, warmherzig, sehr empfindsam, auch leicht verletzlich und bescheiden. Da ich viele Jahre mit ihr im selben Zimmer schlief, führten wir oft vor dem Einschlafen lange Gespräche. Dadurch erfuhr ich viele Details aus ihrem Leben. Aber auch ihre Anteilnahme an meinem Leben, meinen Sorgen und meinen schulischen Erfolgen war groß. Eine Leistung ganz besonderer Art werde ich ihr nie vergessen. Ich machte 1950 die HAK-Matura. Zuvor mußten wir eine Leseliste mit hundert Werken der Weltliteratur abgeben. Da ich sehr unter Zeitdruck stand, erklärte sich meine Großmutter - damals immerhin auch schon 76 Jahre alt - bereit, etliche Werke an meiner Statt zu lesen. Vor dem Einschlafen erzählte sie mir dann diese, zwar in Kurzform, doch inhaltsgetreu und lebendig. Für diese Hilfe, die sie mir durch das „Lesen aus zweiter Hand" gab, bin ich ihr noch heute dankbar. Wie geistig rege sie noch im Alter war, zeigt auch die Tatsache, daß sie sich für alle Gegenstände und Lehrkräfte, die ich in der Schule hatte, interessierte. Sie besaß auch ein ausgezeichnetes Langzeitgedächtnis und konnte mit großer Lebendigkeit Episoden aus ihrer Schulzeit oder aus der glücklichen Zeit ihrer nur 14 Jahre währenden Ehe berichten. Ich glaube, daß mich die Gespräche mit ihr und ganz besonders ihre ethischen Vorstellungen sehr geprägt haben. (...)

Die letzten sechs Wochen ihres Lebens war es mir vergönnt, ihr die letzte Treue zu erweisen. Meine Mutter konnte sie nicht pflegen, denn die war damals selbst sehr krank und im Spital. Meine Großmutter war fast blind und litt schon Jahre vor ihrem Tod unter Schmerzen im Bauch. Obwohl meine Mutter meherere Male mit ihr bei Ärzten gewesen war, konnte keiner eine exakte Diagnose erstellen. In der Nacht vor ihrem Tod muß sie furchtbare Schmerzen gehabt haben. Sie hielt sich den Bauch und wimmerte vor sich hin. Einige Male setzte sie sich im Bett auf, obwohl sie schon wochenlang nichts Ordentliches mehr gegessen hatte und sehr schwach war, und rief alle Heiligen um deren Beistand an. Auch ich betete die ganze Nacht ohne Unterlaß, daß sie doch bald von diesen entsetzlichen Qualen erlöst sein möge. Alle Stufen ihres Todeskampfes litt ich mit. Gegen Morgen wurde sie ruhiger und verfiel in Bewußtlosigkeit.

Am 19. Mai 1953 um 14 Uhr starb sie, fast 79 Jahre alt. Am Tag vor ihrem Tod holte ich ein letztes Mal den Arzt, der sie die letzten Wochen behandelt hatte. Er ging nicht einmal mehr zum Bett, sondern sagte zu mir: „Tun Sie alles, was Sie glauben, daß es gut ist." Eine Spritze, die ihre Schmerzen betäubt hätte, gab er ihr nicht. Auf den Totenschein schrieb er als Todesursache: Gehirnschlag. Er war noch ein sehr junger Arzt.

Anläßlich eines Besuches in der Klosterschule Wien-Kenyongasse (7. Bezirk) fragte mich die fromme, ehrwürdige Schwester Inviolata: „Nun, erzählen Sie, ist Ihre Großmutter schön gestorben?" Ich wußte nicht, was ich antworten sollte. Ich empfinde jedes Sterben schmerzlich und erschütternd.

Daß ich diese letzten schweren Lebensstunden bei meiner Großmutter sein konnte, das betrachte ich als einen kleinen Dank für alle Wohltaten, die sie mir erwiesen hat, und ganz besonders dafür, daß sie in den furchtbaren Tagen und Nächten, da wir schwer verwundet im Keller in Hagenbrunn lagen, neben mir und meinem Bruder saß und für uns betete und alles Leid mit uns litt.

*Die familienbewußte Klement-Großmutter*

Meine Großmutter väterlicherseits wurde 1867 in Kautzen, im nördlichen Waldviertel, geboren. Von meinem Vater weiß ich, daß sie nur zwei Jahre lang die Schule besucht hatte. Da sie Halbwaise und noch dazu ein lediges Kind war, kam sie schon als Achtjährige in den Dienst. In einem Alter, da andere Mädchen noch mit Puppen spielen, mußte sie sich schon als „Kindsdirn" ihren Lebensunterhalt verdienen. Es darf daher nicht wundernehmen, daß ihre Schulbildung nur sehr mangelhaft war. In Kurrentschrift konnte sie nur ihren Namen schreiben. Die Zeitung jedoch konnte sie lesen, denn die Druckbuchstaben waren ihr geläufiger.

Mein Verhältnis zu ihr war während meiner ganzen Kindheit eher respektvoll distanziert. Wir gingen zu ihr auf Besuch, während wir bei der Großmutter mütterlicherseits zu Hause waren. Zuletzt wohnte die Klement-Großmutter im Eckhaus Pragerstraße/Anton Störckhgasse (21. Bezirk) im zweiten Stock. Wenn wir sie besuchen gingen, unterzog uns mein Vater vor der Wohnungstür noch einer strengen Kontrolle. Mit Hilfe seines Taschentuches polierte er Poldi und mich auf Hochglanz, dann erst läutete er bei seiner Mutter an. Heute kann ich es ja verstehen, die Kritik war streng, und die Konkurrenz war groß. Hatte doch die Großmutter Enkelkinder von vier Kindern, 15 an der Zahl. Da war es schwer, sich in ihrem Herzen einen der oberen Plätze zu erringen. (...)

Bei der Klement-Großmutter verhielten wir uns - mein Bruder und ich - stets ruhig, gesittet und fast bewegungslos. Wir saßen in ihrer Küche auf der

Maria Gabler, verh. Klement, die Großmutter väterlicherseits
von Hedwig Öhler in jungen Jahren.

Holzkiste, ließen die Erwachsenen ungestört miteinander reden und warteten geduldig auf den Auf-
bruch. Richtig seelisch nahe gekommen bin ich der
Klement-Großmutter nicht. Sie starb, als ich 14 Jahre
alt war, trotzdem glaube ich, daß ich ihre Persönlichkeit ein wenig charakterisieren kann. Als Witwe,
Mutter von vier Kindern, Schwiegermutter von vier
Schwiegerkindern und Großmutter von 15 Enkelkindern nahm sie sozusagen die Stellung eines ma-
triarchalischen Familienoberhauptes ein. Sie war
sehr familienbewußt und interessierte sich für jedes
Familienmitglied, wenn sie auch nicht, was ihr Inter-

Hedwig Öhlers Großmutter väterlicherseits Maria Gabler, verh. Klement (sitzend, links); 1927 an ihrem 60. Geburtstag im Kreis der Familie

esse betraf, ins Detail gehen konnte. Wichtig war für sie das Ansehen vor den Leuten. Sie achtete nach außen hin darauf, daß ihre Familie, für die sie sich sicher mitverantwortlich fühlte, gut dastand. Für diese Annahme spricht die Tatsache, daß sie durch ihr Schweigen mitgeholfen hat, die zwei ledigen Kinder ihrer Tochter zu vertuschen. Sehr ins Herz geschlossen hatte sie meine Mutter. Sooft sie auf den Jedleseer Friedhof ging, machte sie bei uns Zwischenstation. Dies geschah einerseits, um den alten Füßen eine Rastpause zu gönnen, andererseits - und das vordergründig - um mit meiner Mutter alle anfälligen Familienprobleme durchzubesprechen.

Meine Mama, ihre Schwiegertochter, war eindeutig die Person ihres Vertrauens. Umständlich und behäbig nahm sie Platz, die Hände auf den wuchtigen Regenschirm, der in Wirklichkeit ihr getarnter Gehstock war, gestützt, und sagte: „Mitzi, nimm dir deine Strickerei, setz' dich her und hör mir zu!" Und dann schüttete sie alle Schwierigkeiten, die sie mit ihren drei anderen Kindern, deren Ehegesponsen und Nachkommen hatte, vor meiner Mutter aus. So gesehen muß ihr Sohn Leopold, mein Vater, ihr einzig problemloses Kind gewesen sein.

Mir ist nur ein Ausspruch von ihr im Gedächtnis haften geblieben. Es war bald nach dem Ende des Zweiten Weltkrieges. Die sowjetische Besatzungsmacht hatte das Sagen, und alle Menschen glaubten, daß nun bei uns der Nationalsozialismus durch den Kommunismus abgelöst werden würde. Die Klement-Großmutter war der Ansicht, daß wir keine andere Wahl hätten, als diese Kehrtwendung mitzumachen und sagte: „Wo man Brot ißt, dort muß man auch hinhalten." Obwohl ich erst 14 Jahre alt war, dachte ich über diesen Satz nach, und sein Inhalt erschien mir nicht unbedingt moralisch akzeptabel. Später versuchte ich, die Großmutter besser zu verstehen. Sie hatte schon im Kindesalter um ihre Existenz kämpfen müssen. Vielleicht lernt man - ohne die schützende Geborgenheit eines Elternhauses erfahren zu haben - sehr bald, sich um wirtschaftlicher oder lebensnotwendiger Vorteile willen anzupassen und kann sich letztlich den Luxus moralischer Überlegungen und Hemmungen gar nicht leisten. Die Klement-Großmutter war zumindest nach außen hin kein religiöser Mensch.

Sie starb Anfang September 1945 an Krebs, in jener Nacht, in der mein Vater aus der russischen Kriegsgefangenschaft heimkam.

# Sie konnte wunderbar erzählen

JOSEFA HIRSCHMANNER

Josefa Hirschmanner kam 1934 in St. Erhard (Steiermark) als
Kind bäuerlicher Eltern zur Welt. Während ihrer Kindheit
wohnte auch ihre Großmutter väterlicherseits auf dem Hof.
Josefa Hirschmanner ist heute selbst Bäuerin.
Angeregt durch den Band 18 dieser Reihe, Barbara Passrugger,
„Hartes Brot. Aus dem Leben einer Bergbäuerin" (1989) sowie
dem Wunsch ihrer Kinder und Enkel folgend, begann Frau
Hirschmanner ihre Lebensgeschichte niederzuschreiben. Die
folgenden Erinnerungen an die Großmutter stammen aus der
Autobiographie von Frau Hirschmanner sowie aus einem Brief
an den Bandherausgeber.

Ich wurde am 19. Februar 1934 geboren, wohl in einer sehr ärmlichen Umgebung, denn im Schöneg-
ger-Haus war nicht viel Platz. Die größere Stube
bewohnte meine Großmutter, Vaters Mutter, Anto-
nia Gosch. Ich erinnere mich an die Gosch-Mutter
sehr lebhaft, sie beschäftigte sich mit ihren Enkelkindern, hauptsächlich mit mir, da ich die ältere von
den Geschwistern war. Großmutter war eine stille,
geduldige Frau, immer kränklich und meinem Vater
unsäglich dankbar. Ich hörte, wie sie zu ihm sagte:
„Wenigstens im Alter haben wir (sie und Großvater)
ein Fleckerl, wo uns niemand mehr vertreiben
wird." Zu ihr sagten wir aber nie Großmutter, sie
war einfach die Mutter, und das kam so: Sie zog das
ledige Kind ihrer Tochter auf. Das Mädchen hieß
Herma und war zwei Jahre älter als ich. Sie sagte
immer „Mutter", und wir taten das gleiche.

Es gab in unserem Haus nur zwei Feuerstellen, den großen Herd in der Küche und einen kleineren in Großmutter Stube. Über dieser Stube lag auch die Kammer, in der wir Kinder schliefen. Im Boden war ein viereckiges Loch, durch das ein wenig Wärme aufstieg. Hatten wir aber Großmutter durch irgendetwas verägert, zog sie mit einem langen Hackelstecken diese Luke zu. (...)

Großmutter war eine sehr kleine Frau mit kurzen Händen und Füßen, die wir, ihre zahlreichen Enkel, fast alle geerbt haben. Sie hatte Schuhgröße 34. Sie besaß aus besseren Zeiten wertvolles Gewand, darunter ein in unserem Tal von den Bäuerinnen getragenes reinseidenes, schwarzes „Hintribindtuch". Ging Großmutter sonntags zur Kirche, half Mama stets, das große Tuch in Form zu legen und sorgsam zu fälteln. Zuerst bekam Großmutter ein kleines weißes Tüchlein aufgebunden, erst dann kam das schwarze. Von unserer Mama wurde dann alles am Hinterkopf kunstvoll gebunden. Ich schaute immer gebannt zu, Großmutter sah damit aus, als ob sie schwarze Flügel hätte. (...)

Wir hockten recht gern bei ihr, sie konnte wunderbar gruselige Geistergeschichten erzählen. Sie war sehr fromm und erzählte viel von bösen Menschen, deren Seele verlorenging, wie sie sagte. Z. B. von einem alten Pfarrer, der dreißig Jahre in der Breitenau tätig war. Er sollte ihr verraten haben, daß drei ihm anvertraute Breitenauer nicht in die ewige Seligkeit eingehen konnten. Es waren dies zwei Frauen und ein Mann.

Mit offenem Mund hörten wir der Erzählung zu, stellten natürlich auch unzählige Fragen, z. B. warum der Herr Pfarrer dies wissen konnte. Da belehrte sie uns, wenn es bei der Totenmesse dem Pfarrer nicht gelang, den Kelch mit geweihtem Wein in die Höhe zu heben, dann wüßte er, daß die Seele dieses Toten verlorengegangen sei. Der Pfarrer müßte dann die Totenmesse allen anderen Breitenauern widmen, erst dann gelänge es ihm, die Messe fortzusetzen. Auf die Frage, was denn diese drei Menschen Böses getan hätten, antwortete sie uns: Der eine war ein Metzger, der bei allen Bauern sein Geschäft ausübte. Ein junger Bursch versuchte, sich durch dasselbe Geschäft ein wenig Geld zu verdienen. Das gefiel aber dem Alten gar nicht, er wurde furchtbar böse und machte, daß es dem Jungen nie gelang, eine Sau zu töten. Erst als ihm eine alte Frau sagte: „Du mußt der Sau an den Klauen ein kleines Kreuzerl schneiden", war seine Arbeit gerettet. Die alte Frau sagte ihm auch noch, er müsse nach getaner Arbeit unbedingt den Alten besuchen, und siehe da, jetzt trug dieser die Kreuze an seinen Füßen und konnte lange nicht gehen. Der Frau unter den dreien soll es gelungen sein, die Milch von den Kühen der Nachbarn ihren eigenen anzuhexen. Dadurch hatte sie immer die größten Butterstriezel, und die verhexten Kühe wurden so mager, daß überall die Knochen zu sehen waren. Unsere erstaunten Fragen beantwortete die Großmutter mit der Erklärung: „Wenn man dem Teufel seine Seele verschreibt, gelingt jede Untat."

Auch von einer benachbarten Wirtin wußte Großmutter viel zu erzählen. Die Frau war sehr schön und stolz, ihren Gästen gegenüber sehr schlau und listig. So mancher verließ ihr Gasthaus ohne einen Groschen Geld. Als diese Wirtin schon zum Sterben im Bett lag, befahl sie einem Knecht, ihr ein schwar-

zes Kaninchen, das auf keinen Fall ein weißes Flekkerl haben dürfte, zu bringen. Sie nahm das Tier zu sich ins Bett, und am nächsten Morgen war es tot, die Wirtin aber war gesund. Nach einiger Zeit war es wieder soweit; sterbend verlangte die Frau nach einer schwarzen Henne, und auch diese war am nächsten Tag tot. Als sie nach einigen Monaten wieder krank im Bett lag, versuchte sie nochmals, mit einer schwarzen Katze ihr Leben zu retten, aber diesmal gelang es ihr nicht mehr. Großmutter war damals ein 14jähriges Mädchen, und sie sollte am Abend von diesem Gasthof für ihre kranke Lehrerin Wein holen. Sie getraute sich nicht, ihrer Lehrerin zu sagen, daß sie sich vor dieser unheimlichen Wirtin recht fürchtete. Ängstlich ging sie mit der mitgegebenen Kanne die kurze Strecke zum Gasthaus. Dort angekommen sah sie einen Mann, der in der Luft schwebte und durch das Schlafzimmerfenster schaute. Da wußte sie sofort, daß die Frau gestorben war. Großmutter war felsenfest überzeugt von solchen unheimlichen Dingen und hatte auf all unsere ungläubigen Fragen passende Antworten. (...)
Großmutter hat mir erzählt, daß Jäger, die im Leben die Gesetze des Jagens mißachtet hätten, also auch am Tag der armen Seelen, am Heiligen Abend oder während der sonntäglichen Meßfeier das Jagen nicht lassen konnten, auch im ewigen Leben keine Ruhe fänden. Während der Rauhnächte war das Wäschewaschen streng verboten, denn in einem Wäschestück, das in dieser Zeit gewaschen wurde, würde uns bei einem Sommergewitter unweigerlich der Blitz treffen, sagte Großmutter. (...)
Großmutter schärfte uns ein, ja die Gebote der Kirche genau einzuhalten, besonders die Fasten- und

116

Adventzeiten, denn sonst könnte es uns Mädchen genauso ergehen wie einer jungen Magd vom Göllesbauernhof. Diese Magd tanzte an einem Faschingstag noch nach 12 Uhr, also schon am Aschermittwoch, in einem Gasthof. Als sie erschrocken bemerkte, daß ja schon die Fastenzeit angebrochen war, wollte sie sofort nach Hause. Sie mußte durch den Friedhof gehen. Das Mädchen wurde von den anwesenden Burschen gefragt, ob sie sich in der Nacht auf ihrem langen Heimweg denn nicht fürchte. „Scheint eh da Mond so schön", soll sie geantwortet haben. Als sie dann durchs Friedhofstor auf die Straße trat, folgte ihr ein kleines Männchen bis zum heimatlichen Hof und sagte immer: „Nacht is Nacht, Nacht is Menschenfeind, wann a da Mond schea scheint."

Je älter ich werde, um so öfter denke ich an Großmutter, welch zufriedenes Leben sie eigentlich geführt hat. An ihrem Glauben oder Aberglauben gab es für sie nie den geringsten Zweifel, ob wohl alles richtig sei. Sie lebte mit dem Kirchenjahr, jeder Tag in diesem hatte für sie irgendeine Bedeutung. Als erstes nach dem Aufstehen studierte sie den „Mandlkalender", um für den neuen Tag richtig gerüstet zu sein. Himmel und Hölle hatten in ihrem ganzen Sein und Denken wichtige Funktionen, ihr ganzes Leben war danach ausgerichtet.

# Die beiden lieben, alten Großmütter

INGE GUIST

Inge Guist, geb. Bretz, wurde 1936 in Reps in Siebenbürgen geboren und starb 1991 in Lindlar/BRD. Nach der Scheidung der Eltern während des Zweiten Weltkriegs wurde ihre Mutter 1945 als Angehörige der deutschen Minderheit für einige Jahre in die Sowjetunion zur Zwangsarbeit verschleppt. Inge Guist wuchs daher mit ihren Geschwistern bei ihren beiden Großmüttern, Johanna Bretz und Emilie Artz, auf. 1980 übersiedelte sie mit ihrer Familie in die BRD.
Frau Guist verfaßte 1989 für ihre Kinder eine Geschichte ihrer siebenbürgisch-sächsischen Familie und eine umfangreiche Autobiographie.

Das Haus, in dem wir alle wohnten, zum Teil auch geboren wurden, und an das ich mich auch erinnern kann, stand in der Obergasse. Auf dem Hof waren zwei Häuser. Die beiden Gebäude gehörten eigentlich meiner Großmutter, mit der wir zusammen lebten. Wenn es keinen Krieg gegeben hätte, hätten meine Eltern eine gute Ehe geführt, und wir hätten das Glück gehabt, mit Vater und Mutter aufzuwachsen. Es sollte wohl nicht so sein. Meine Mutter hat sich redlich bemüht, uns den Vater zu ersetzen, und alles getan, was in ihren Kräften stand. Mit den Sorgen aber war sie allein und Entscheidungen mußte sie immer alleine treffen. Sie wurde 1945, wie so viele andere auch, nach Rußland verschleppt. Meine jüngste Schwester wurde an dem Tag gerade drei Jahre alt. Unsere beiden Großmütter sorgten dann für uns. Wir hatten trotz allem eine fröhliche und schöne Kindheit. (...)

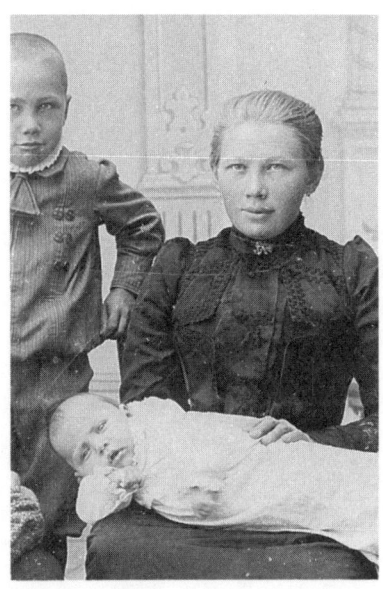

Johanna Bretz, Inge Guists Großmutter väterlicherseits.

Ich sehe sie heute noch vor mir, die beiden lieben, alten Großmütter, als sie während meiner Lungenentzündung, die ich in der dritten oder vierten Schulklasse bekam, am Fußende meines Bettes kauerten, Tag und Nacht bangten und auf jeden Atemzug und jede Bewegung von mir achteten. (...)
Oma, die Mutter meines Vaters, war eine kleine Frau mit Brille, Doppelkinn und wenigen weißen Haaren, fleißig, emsig und immer etwas unternehmend. Von ihr stammten alle Wollsocken und weißen Kniestrümpfe, die wir Kinder trugen. Aus dem Wald brachte sie Tannenzapfen, um im Sommer damit zu kochen. Erdbeeren, Himbeeren und Hagebutten sammelte sie gern und wußte auch immer, wo

welche zu finden waren. Oft nahm sie mich mit, um
ihr zu helfen. Dann waren da noch unsere - ihre -
Obstgärten, an denen ihr Herz sehr hing, die allerdings durch die Enteignung nicht mehr unser waren. In der ersten Zeit danach waren sie mehr oder
weniger herrenlos. (...)
Oma erzählte oft und gerne von der ganzen Verwandtschaft, Gärten, Feldern, Grund und Boden.
Leider habe ich immer nur mit halbem Ohr zuge-
hört. Jetzt wüßte ich gern besser Bescheid, obwohl
doch alles eine versunkene, gewesene Welt ist. In einem der Gärten, auch verwahrlost durch die vielen
wildwachsenden Sträucher, zeigte mir meine Großmutter ein Grüppchen Blumen - Akeleien. Bis dahin
hatte ich solche Blumen noch nie gesehen. Ein leichter Sonnenstrahl streifte die blau-violetten Blüten, so
daß sie teilweise wie mit Goldstaub überhaucht
schimmerten. Und seither, immer wenn ich die Blu-
me Akelei sehe, habe ich ein eigenartiges Gefühl,
und sie zaubert mir das Fleckchen Garten mit den
Blüten vor die Augen - ein Gruß aus den Kinderta-
gen.
Oma war eher eine praktische Natur. So hatte sie
auch immer sehr viele Sprichwörter auf Lager, zum
Beispiel: „Ich kann nicht, ist eine Umschreibung von
ich will nicht." Oder: „Großtun ist meine Freude,
Gott weiß mein Elend."
Auch abergläubisch war sie. Deshalb mußte in der
Heiligen Nacht das Holzfeuer im Ofen brennen bis
in der Früh. Ein dicker Kloben wurde in den Ofen
geschoben, am Morgen war dann noch Glut darin.
Das sollte Glück bringen. Auch frisch gewaschene
Wäsche durfte zu Weihnachten nicht auf dem Strick
hängen.

Emilie Artz, Inge Guists Großmutter mütterlicherseits.

Nun will ich auch meine andere Großmutter, die Mutter meiner Mutter, beschreiben; ein großer Gegensatz zu Vaters Mutter. „Dudu" war hochgewachsen, schlank, hatte bis ins hohe Alter ganz schwarze Haare. Sie war sehr klug, wußte vieles, denn sie las sehr gerne und hatte auch in jungen Jahren, als ganz junges Mädchen, einem Fräulein vorgelesen, welches ihr viel erklärt und beigbracht hat, weil sie Interesse zeigte. Singen konnte sie und Gitarre spielen und recht fröhlich sein. Leider haben wir Enkelkinder viel zu wenig mitbekommen, denn die Zeiten waren nicht mehr danach.

Tanzen, vor allem den Walzer, habe ich von ihr gelernt. Wir summten oder sangen, und los ging's, eins, zwei, drei - eins, zwei, drei, denn ein Radio hatten wir nicht, und Tonbandgeräte waren noch nicht erfunden. Dudu hat uns viele Kleidchen genäht. Wenn die langen Ärmel an den Ellbogen durchgescheuert waren, wurden sie ein- oder zweimal geflickt, nachher dann abgeschnitten und ein kurzärmeliges Kleid daraus gemacht.(...)

Dudu war auch abergläubisch. Am Freitag nähte sie gar nichts, denn an diesem Tage würde sowieso nur alles mißlingen, meinte sie. Träumte Großmutter von Eiern oder von kleinen Kindern, bedeutete das Ärger. Perlen waren Tränen, Feuer kündigte Freude an. Feuer allerdings mit Rauch oder trübes Wasser bedeuteten Krankheit. Freilich geschah es manchmal, daß Ärger kam, wenn Großmutter von Eiern träumte. Aber auch ohne diese Anzeichen gab es genug Ärger und Betrübnis.

# In den alten Gebetbüchern der Großmutter

## THERESIA OBLASSER

Theresia Oblasser wurde 1941 als erstes von acht Kindern in einer Bauernfamilie in Taxenbach (Salzburg) geboren. Heute ist sie selbst Bäuerin. Während ihrer Kindheit lebte im Haushalt der Eltern auch ihre Großmutter mütterlicherseits, Juliane Vorderegger, verh. Mayr (geb.1886).
Frau Oblasser wurde 1986 durch eine Lesung aus dem Band 6 dieser Reihe, Barbara Waß, „Mein Vater, Holzknecht und Bergbauer" (1985) angeregt, ihre eigenen Lebenserinnerungen niederzuschreiben. Die folgenden Abschnitte stammen aus ihren Erinnerungen an die Kindheit während der Nachkriegszeit.

Wir Kleinkinder schliefen, zumindest im Winter, bei der Großmutter im Zimmer. Nur das „Buzzei", das jeweils kleinste, durfte im Elternzimmer schlafen. Im Elternzimmer schlafen durften wir größeren nur, wenn wir krank waren oder wenn der Vater auf der Alm schlief. Da kamen wir abwechselnd dran, in seinem Bett zu schlafen.
Die Großmutter hatte ihre Kammer „obenauf", also im ersten Stock. Es war eine schöne, große Kammer, die früher die Stube gewesen war. Der Plafond war eine mattglänzende, tiefschwarze Holzdecke. Schwärzer konnte sich die Königin die Haare von Schneewittchen nicht gewünscht haben. Ein bemalter Kasten barg Großmutters persönliche Sachen: Kleider, Plüschschals, alte Häferln und Hüte. Sie hatte ihre Wände mit vielen Heiligenbildern und alten Fotos geschmückt. Im Nachtkastl waren einige

Hausmittel, angesetzter Vorschuß vom Schnaps-
brennen zum Einreiben bei Rheumatismus, ein Glas
mit „Goasschmalz", Kampfer und einem Schmer-
stein, von dem die Großmutter mit einem kleinen,
mit Perlmutter belegten Messerchen etwas Pulver
auf ein Pflaster schabte, dann mehrere Male hinein-
stach und es dann auf Hals, Brust oder Rücken - je
nach Krankheit ihrer Patienten - legte. Wegen des
Gestankes war mir das Goasschmalzpflaster ver-
haßt. Sie nannte mich ein empfindliches Zieferl,
wehren nützte mir nichts. Es war das beliebteste
und wirksamste Mittel gegen Verkühlungen. (...)
In diesen Zeiten gab es auch Flöhe im Haus. Sie ni-
steten im Bettstroh. Wir schliefen gut und merkten
nichts davon, aber die Großmutter fühlte sich sehr
belästigt. Die Flöhe trieben sie aus dem Bett, und in
ihrem Eifer, sie auszurotten, riß sie auch uns aus
dem Schlaf. Sie zog die Decken weg, um die winzigen Tiere zu überraschen. Wir raunzten und baten,
weiterschlafen zu dürfen, sie aber war höchst zufrieden, wenn sie einen erwischte und mit ihm verfah-
ren konnte, als hätte er allein sie gebissen.
Im Winter ging es meinem Bruder Seppi schlecht, da
er die schafwollenen Strümpfe der Großmutter und
gestrickte Pullover und Hauben tragen mußte. Ihm
war das alles zu „wax", er traute sich darin kaum zu
rühren, und am Morgen gab es immer Tränen und
Bitten, das doch nicht anziehen zu müssen. Es half
nichts, wir hatten nichts anderes. Er ging daher in
diesen Sachen, als wollte er seinen Körper so dünn
machen, daß die Haut die Wolle nicht berühre. Sorgfältig zupfte und schoppte er das Hemd überall zurecht, um das Schlimmste zu mildern. Wir lachten
ihn aus, die Großmutter sagte, das wäre noch schö-

ner, ihm nachzugeben, wenn er so empfindlich sei. Mein Bruder Hansi war der Liebling der Großmutter. Er hieß wie ihr Vater und war ein fescher Bub. Ihm steckte sie alle Gutsel zu, lobte ihn für alles, was er tat, als sehr tüchtig, und er durfte am häufigsten mit ihr fortfahren. Wir wurden dadurch richtig neidisch auf ihn. (...)

In den alten Gebetbüchern der Großmutter fand ich Bildchen mit einer Schrift wie mit Goldsand ausgeführt, andere mit ausgebrochenem Gitter, Blüten und Ornamenten. Manche hatten eine Tür zum Öffnen und dahinter ein Herz mit Flammen abgebildet. Jeden Abend betete die Großmutter lange, sie tauchte die Hand ins Weihwasser und sprengte es in alle Richtungen für ihre Angehörigen, deren Namen sie nannte, und ausgiebig auf den Boden, für die armen Seelen. Auf dem Bild über ihrem Bett war die Heilige Familie auf dem Weg nach Jerusalem dargestellt. Ich betrachtete es gerne. (...) Der Jesusknabe ging brav zwischen Maria und Josef. Er war eben folgsam, sagte die Großmutter. Das sagte sie, weil wir nie ruhig dahingehen konnten, sondern vorausliefen, auf Bäume kletterten und jedenfalls oft zu lebhaft waren. Es wurde uns nur das Folgsamsein zur Nachahmung empfohlen, nicht aber Jesus' selbstbewußtes Verhalten im Tempel und seine selbstsicheren Antworten auf die Fragen seiner Mutter. (...)

Die Großmutter verkündete einen eher strengen Gott, sie benützte diese Strenge auch zu Erziehungszwecken. Dann hieß es, der Himmelvater oder der Schutzengel werde uns für unseren Ungehorsam schon strafen, oder diese beiden wären nun böse auf uns. Das schien mir ganz natürlich, Väter waren eben leicht böse. Das Bestrafen mit Hinfallen und Wehtun, wie es dem Schutzengel zugeschrieben wurde, war für mich kein Freundschaftsbeweis, und ich hatte keine „Beziehung" zum Schutzengel.

Die Großmutter nahm auch den Teufel zu Hilfe, um mir Abneigung gegen Eitelkeit und Tanzvergnügungen einzuflößen. Da ich gerne in den Spiegel schaute, für ihre Einstellung zu gerne, sagte sie: „Es wird schon einmal der Teufel herausschauen." Sie erzählte auch eine Geschichte von einem Mädchen, das sehr gern tanzen ging und sich dafür von zu Hause wegschlich. Dann begegnete ihr ein besonders flotter Kavalier, der sie begleitete, ein glänzender Tänzer war und ihr auch für den Heimweg seine Begleitung antrug. Nach einiger Zeit merkte sie aber, daß er ein Holzbein oder einen Pferdefuß hatte, und erkannte daran, daß es der Teufel sei. Entsetzt floh sie nach Hause, er ihr nach, aber sie entkam gerade noch, hörte furchtbares Poltern und roch Schwefelgestank und war von ihrer Tanzwut geheilt. (...)

Im Februar hatte die Großmutter Namenstag und erwartete unsere Gratulation. Die Mutter backte ihr einen schönen Guglhupf, gab ein Kilo Würfelzucker und ein paar Äpfel dazu. Damit wichtelten wir in ihr Zimmer und wünschten alles Gute zum Namenstag. Sie hatte fürs Gratulieren für jeden einen Schilling hergerichtet. Die Geburtstage wurden nicht gefeiert, denn alles, was der Hitler aufgebracht hatte, war verpönt. (...)

Die Erinnerung an Weihnachten ist der Mittelpunkt meiner Kindheitserinnerungen, so besonders war dieses Fest. Es gab dafür viele feste Bräuche, sie wiederholten sich jedes Jahr genau, und alles zusam-

126

Die Großmutter Theresia Oblassers; Ende der dreißiger Jahre (ganz rechts).

1967 an ihrem 81. Geburtstag im Kreis der Familie.

men ergab Weihnachten. Dreißigmal wiederholte am Weihnachtsabend die vorbetende Großmutter das „Heilig, heilig, heilig ist der Herr, Gott Sabaoth, Himmel und Erde sind seiner Herrlichkeit voll." In der dunklen, nur von der Kerzenflamme erleuchteten Stube wiederholten dann die knieenden Beter: „Ehre sei dem Vater und dem Sohn und dem Heiligen Geist, wie es war am Anfang so auch jetzt und in Ewigkeit. Amen." Das war der eigentliche Rauch-Rosenkranz. Nun war endlich Weihnachtsabend.

# Großmütter - gestern und heute

Ein Kommentar von
ERHARD CHVOJKA

Dieser Band präsentiert ausgewählte Erinnerungen
von Enkelkindern an ihre Großmütter. Acht Frauen
und sechs Männer, die zwischen 1881 und 1941 geboren wurden, kommen hier zu Wort. Die Autorinnen und Autoren wuchsen in unterschiedlichen
sozialen Schichten auf, das Spektrum ihrer Herkunft
reicht von der ländlichen Unterschicht bis zum
Großbürgertum.

Bei den ausgewählten Texten handelt es sich um lebensgeschichtliche Beschreibungen von Ereignissen
und Sozialbeziehungen aus der Kindheit und Jugend. Die meisten Aufzeichnungen entstanden zu
einer Zeit, als die Verfasserinnen und Verfasser bereits das 60. Lebensjahr überschritten hatten und in
vielen Fällen auch schon selbst Großeltern oder gar
Urgroßeltern geworden waren.

Die Autorinnen und Autoren schreiben sowohl über
ihre persönlichen Großmutter-Erinnerungen als
auch über Begebenheiten aus dem Leben der Großmutter, die von ihnen nicht mehr selbst miterlebt
wurden. Dabei beziehen sie sich auf Berichte ihrer
Eltern und anderer Verwandter oder auch auf Erzählungen der Großmutter selbst. Diese beiden Formen der Erinnerung an die Großmutter sind im
allgemeinen in den Aufzeichnungen unmittelbar
miteinander verbunden und tragen gemeinsam zur

Entstehung des Gesamtbildes bei, das die Autorinnen und Autoren von ihren Großmüttern hatten und haben.

Die Textpassagen, die in diesem Band veröffentlicht werden, kamen auf unterschiedliche Weise zustande. In den meisten Fällen handelt es sich um Ausschnitte aus umfangreicheren Lebensgeschichten. Die Textstellen, die sich auf die Großmutter beziehen, wurden zusammengefaßt. Einige der Verfasserinnen und Verfasser widmeten der Großmutter in ihren Aufzeichnungen eigene Kapitel, die meist geschlossen abgedruckt werden konnten. Nachdem die Autorinnen und Autoren im Herbst 1991 darüber informiert worden waren, daß Teile ihrer Lebenserinnerungen zur Veröffentlichung gebracht werden würden, ergänzten manche von ihnen ihre Großmutter-Erinnerungen noch in Briefen an den Bandherausgeber.

*Die Auswirkungen der steigenden Lebenserwartung*
*auf das Verhältnis*
*zwischen Großeltern und ihren Enkelkindern*

Während des 19. Jahrhunderts setzte in Österreich wie auch in den meisten anderen Ländern Mittel- und Westeuropas der sogenannte „Demographische Übergang" ein. Bis dahin waren die Geburten- und Sterberaten allgemein hoch gewesen, die durchschnittliche Lebenserwartung der Menschen blieb niedrig. Einer großen Anzahl von Kindern, Jugendlichen und jüngeren Erwachsenen stand eine verhältnismäßig kleine Gruppe älterer Menschen gegenüber. Erst im Laufe des 19. und 20. Jahrhunderts sanken die Sterbeziffern deutlich. Mit einer gewissen Verzögerung nahm auch die Geburtenrate ab, und die Bevölkerung begann zu „altern".[1]

Vom 17. bis zum Ende des 19. Jahrhunderts lag z. B. der Prozentsatz der über sechzig Jahre alten Menschen in Österreich bei leichten Schwankungen etwa zwischen 6 und 9% der Gesamtbevölkerung. Wenn eine Person in dieser Zeit eine oder gar beide Großmütter länger als bis über die frühe Kindheit hinaus erlebte, gehörte sie zu einer sehr kleinen Gruppe innerhalb der Bevölkerung. Vor allem die jüngeren Kinder einer Geschwisterreihe hatten statistisch gesehen nur mehr äußerst geringe Chancen, ihre Großmütter anders als aus Erzählungen kennenzulernen.

Im Laufe des 20. Jahrhunderts stieg dann der Prozentanteil der über sechzig Jahre alten Menschen von 9% um 1900 auf 16% um 1950 bzw. auf 20% ab etwa 1970/75.[2] Auch nach dem Mikrozensus vom Juni 1987 waren in Österreich etwas über 20% der Bevölkerung sechzig Jahre und älter.[3] Die Tendenz zur Alterung der Gesamtbevölkerung wird sich in den nächsten Jahrzehnten weiter fortsetzen.

Die Großmütter der Autorinnen und Autoren dieses Bandes wurden etwa zwischen 1830 und 1890 geboren. Je später ihr Geburtsjahr liegt, desto eher gehörten sie bereits Jahrgängen an, die mit zunehmender statistischer Wahrscheinlichkeit ein hohes Lebensalter erreichten. Die Chancen für Enkelkinder, ihre Großeltern überhaupt noch zu erleben und mit ihnen auch über einen längeren Zeitraum hin Erfahrungen im familialen Zusammenleben zu machen, haben also im Verlauf des 19. und 20. Jahrhunderts deutlich zugenommen. Diese demographische Entwicklung läßt sich auch an den Großmutter-Erinnerungen dieses Bandes nachvollziehen: Die nach etwa 1910 geborenen Autorinnen und Autoren konnten ihre Großmütter oft noch bis ins junge Erwachsenenalter erleben.

Solange der Anteil älterer Menschen an der Gesamtbevölkerung niedrig war, blieben die Chancen für Kinder und Jugendliche, ihre Großeltern noch bewußt mitzuerleben, zwar unbestreitbar geringer als heute; aber auch früher gehörten nicht alle Großeltern unbedingt zu den ältesten Personen innerhalb der Gesellschaft. Überprüft man das Alter der in diesem Band beschriebenen Großmütter für den Zeitpunkt der Geburt jener Enkel, die hier von ihnen erzählen, so ergibt sich ein durchaus überraschendes Resultat: Annähernd die Hälfte der Großmütter war bei der Geburt der Enkelkinder, die oft bereits ältere Geschwister hatten, noch unter fünfzig Jahre alt. Ein Teil stand im sechsten Lebensjahrzehnt, aber keine einzige der Großmütter, deren Geburtsjahr ermittelt werden konnte, hatte bei der Geburt des Enkelkindes ein Alter von siebzig Jahren erreicht. Konnten Frauen auch in früheren Zeiten schon so jung Großmutter werden, wie dies heute oft der Fall ist?

Aus der Sicht der historischen Familienforschung ergibt sich vor allem ein Haupthindernis für ein verhältnismäßig junges Alter von Großeltern in der ländlich-vorindustriellen Gesellschaft. Es handelt sich dabei um das allgemein hohe Heiratsalter, das bei Männern im Durchschnitt immer über 25 Jahren, bei Frauen etwas niedriger lag. Die geringe Lebenserwartung verhinderte noch zusätzlich die Entstehung von Dreigenerationenfamilien im Haushalt. Vor allem in Gegenden, in denen das sogenannte Jüngstenerbrecht herrschte, war es sehr wahrscheinlich, daß der Hoferbe noch vor seiner Heirat bereits beide Eltern oder zumindest einen Elternteil verloren hatte.[4]

Neben den Kindern, die einer bäuerlichen Ehe- und Hausgemeinschaft entstammten, gab es allerdings im ländlichen Raum traditionell auch eine große Anzahl unehelicher Kinder. Dadurch ergab sich auch die Möglichkeit, daß die jeweiligen Großmütter bei der Geburt ihres ersten Enkelkindes etwa um die fünfzig Jahre alt sein konnten. Junge Frauen, die als Mägde bei Bauern in Dienst gegangen waren,[5] bekamen oft schon im Alter zwischen 20 und 25 Jahren uneheliche Kinder. Ihre eigenen Mütter waren in manchen Fällen zu diesem Zeitpunkt noch knapp unter 50 Jahre alt, vor allem dann, wenn diese Mütter ihre Töchter selbst sehr früh als uneheliche Kinder zur Welt gebracht hatten. Gerade unter den bäuerlichen Dienstboten konnte es daher auch schon während des späten 19. und frühen 20. Jahrhunderts Großmütter geben, die noch so „jung" waren, wie es heutige Großmütter bereits sehr oft sind. Die Großmütter einiger Autorinnen und Autoren dieses Bandes sind Beispiele für eine solche Konstellation.

*Großmütter und Großeltern heute*

In einer der nicht sehr zahlreichen sozialpädagogischen Untersuchungen über die soziale Funktion von Großeltern wird von einem Mädchen im Volksschulalter berichtet, das sich eine Großmutter wünscht. Auf die Frage, wie diese denn sein sollte, antwortete es mit den Worten: „Ein Omatyp halt.".[5]

Auch unter Kindern gibt es also noch heute bestimmte Klischeevorstellungen von Großmüttern.

Diesen Klischees lassen sich einige klare Aussagen über die gegenwärtigen sozialen Grundlagen des Lebens von Großmüttern gegenüberstellen. Manche Frauen werden heute bereits im fünften Lebensjahrzehnt Großmütter. Aufgrund der steigenden Lebenserwartung kann die Phase der Großmutterschaft heute oft dreißig bis vierzig Jahre dauern.[6] Das Sozialverhalten solcher Großmütter verändert sich im Laufe dieser Jahrzehnte grundlegend. Während der Phase der Großmutterschaft erfolgt z. B. der Wechsel vom Berufsleben in den Ruhestand. Schon allein deshalb können Klischeevorstellungen, die in der Bevölkerung über das Verhalten „typischer" Großmütter und Großeltern bestehen, keinesfalls der Realität entsprechen. Auch aus der Sicht der sozialwissenschaftlichen Forschung ergibt sich eine Diskrepanz zwischen bestimmten Klischeebildern und dem tatsächlichen Verhalten heutiger, jüngerer Großeltern: „Die neue Großelterngeneration entspricht nicht mehr den Vorstellungen, die man heute noch häufig antrifft: gütig und weißhaarig, zitternd und gebückt. (...) Auch die Großväter mit 57 sabbern und schmatzen in der Regel nicht am Mittagstisch und verschütten nicht zitternd ihr Süpplein - wie dies im Grimmschen Märchen beschrieben wird. Die Großeltern entsprechen oft nicht mehr unserem überkommenen Bild, es wird auch von ihnen selbst abgelehnt."[7]
Aber auch das neue Leitbild von sportlich-jugendlichen Großeltern ist hinterfragbar. Die Erkenntnis, daß es kein einheitliches soziales Verhalten von Großeltern gibt, setzt sich in der sozialwissenschaftlichen Literatur immer mehr durch: „Großeltern sind heute in den 50er Jahren, joggen, fahren Ski,

schwimmen und surfen, aber auch wiederum nicht alle."[8]

Welche Informationen können uns statistische Erhebungen über das Verhalten heutiger Großmütter liefern? Auch in modernen Familien ist eine spezifische Funktion für Großmütter im Bereich der Kinderbetreuung klar nachweisbar. Der Mikrozensus vom Juni 1987 liefert unter der Rubrik „Hilfe für Kinder von Personen ab 60 Jahren" folgende Daten: 20% der über 60jährigen helfen ihren Kindern mindestens einmal pro Woche bei der Beaufsichtigung der Enkelkinder, davon 11% täglich, 8% einmal pro Woche, 15% helfen seltener. In anderen Belangen wird von Personen über 60 Jahren wesentlich weniger Hilfe geleistet als bei der Betreuung der Enkelkinder.[9] Auch geschlechtsspezifische Arbeitsteilung ist bei der Hilfe durch die Großeltern klar gegeben: 66% aller bei der Enkelbetreuung helfenden älteren Menschen sind Frauen, also Großmütter,[10] was zu einem gewissen Teil wohl auch mit dem höheren Frauenanteil in dieser Altersgruppe zusammenhängt.

Was läßt sich nun konkret über den Umgang dieser Großmütter mit ihren Enkelkindern sagen? Eine sozialpädagogische Untersuchung der späten achtziger Jahre liefert dazu folgende Antwort: „Besonders gern würden Kinder (...) bei den Großeltern am Wochenende sein, da sie dort viel fernsehen dürften. Zumeist unterhalten sich die Eltern mit den Großeltern, und die Kinder dürfen dann fernsehen. Erzählten Großeltern früher den Kindern Märchen und Erlebnisse aus ihrer Jugend oder führten Spiele mit den Enkelkindern durch, so säßen sie jetzt mit den Kindern vor dem Fernseher, erzählten uns einige

Mütter betrübt. Daß ihr eigenes Verhalten dem der Großeltern ähnlich ist, stellten sie nicht fest."[11]

Eine Studie im Großraum Nürnberg aus dem Jahre 1981 beobachtete u. a. folgende Entwicklung: "Um zu den Enkeln ein gutes Verhältnis zu bekommen, meinten fast alle [Großeltern, E. C.], daß es das Wichtigste sei, mit der Zeit zu gehen, sich für die Interessen und Einstellungen der Enkel auch zu interessieren."[12] Die Enkelkinder ihrerseits "wußten wenig über den Alltag, die Lebensgeschichte und das allgemeine Befinden ihrer Großeltern. Sie konnten allenfalls Episoden aus der Kindheit der Eltern erzählen, die dann auch im Zusammenhang mit der Biographie der Großeltern standen. (...) Für die Enkel sind die Großeltern in der Regel interessierte Zuhörer (!), die sich bei guter Beziehung bemühen, die Probleme der Kinder zu verstehen. Der Aufenthalt bei den Großeltern wurde oft als Freiraum innerhalb der Familie geschildert und erlebt, und nicht selten bot er den Enkeln Gelegenheit, auch über die Schwierigkeiten mit den Eltern sprechen zu können."[13]

Diese entlastende Funktion von Großeltern bei der Kindererziehung und -betreuung wird inzwischen auch als Dienstleistung angeboten: In Hamburg existiert bereits seit Oktober 1979 als private Einrichtung ein „Oma-Hilfsdienst",[14] bei dem ausschließlich Senioren, die Zeit haben, an Eltern vermittelt werden. Trotz der Bezeichnung „Oma-Hilfsdienst" handelt es sich dabei um Frauen *und* Männer; wenn es um die Betreuung von Kindern durch ältere Menschen geht, wird scheinbar immer noch eher an die „Oma" gedacht. Die Senioren kommen ins Haus und betreuen gegen Erstattung des Fahrgeldes die

Kinder, d. h. sie spielen quasi „Großeltern". Das Ziel der Einrichtung ist einerseits eine Entlastung alleinerziehender Elternteile und/oder berufstätiger Elternpaare, andererseits die Intensivierung der Beziehung zwischen den Generationen. Wie das Funktionieren derartiger Modelle zeigt, scheinen sowohl bei Eltern jüngerer Kinder als auch bei älteren Menschen noch immer Klischeevorstellungen davon zu existieren, was eine Großmutter oder auch ein Großvater in bezug auf Kinder zu tun hat.

Woher kamen und kommen nun eigentlich die bis heute wirksamen Bilder von typischen „Omas", wie es sie angeblich einmal gegeben hat, und wie waren „Omas" früher tatsächlich? Die lebensgeschichtlichen Erinnerungen dieses Bandes können dazu einige interessante Einblicke geben.

*Großmütter in lebensgeschichtlichen Erinnerungen*

Die Rollen, die die in diesem Band beschriebenen Großmütter in der Kindheit und Jugend der Autorinnen und Autoren spielten, sind sehr verschieden. Sie lassen sich grundsätzlich in vier deutlich voneinander unterscheidbare Typen einteilen:

1. Die Großmutter in einer sozialen Mutterrolle, verheiratet oder auch alleinstehend, bei der das Enkelkind - zumindest eine Zeitlang - aufwächst. Wenn die Großmutter alleinstehend ist, erlebt das Kind sie auch als Haushaltsvorstand, sonst nur in einer typischen Mutterrolle. Dieser Typus findet sich in den Lebenserinnerungen von Maria Horner, Josef Richter, Johann Dürmoser, Franz Obergottsberger, Maria Fochler und Inge Guist.

2. Die Großmutter lebt neben den Eltern des Kindes im selben Haushalt mit, sie übernimmt dort keine Mutter- oder auch Haushaltsvorstandsrolle. Im ländlichen Raum entsteht dadurch für die Großmutter eine dem Ausgedinge ähnliche Lebenssituation. Diese Konstellation einer Drei-Generationen-Haushaltsfamilie kommt aber auch einmal in der Stadt vor. Unter diesen Bedingungen lebten Johann Dürmoser, Katharina Mitterbacher, Josefa Hirschmanner, Reinhold Klaus, Hedwig Öhler und Theresia Oblasser mit ihren Großmüttern zusammen.

3. Die Großmutter lebt an einem anderen Ort als das Enkelkind, wobei die Entfernung sehr gering oder auch extrem groß sein kann. Sie wird von den Enkelkindern besucht bzw. kommt selber zu Besuch. Diese Konstellation findet sich bei Franziska Meritz, Hedwig Öhler und Reinhold Klaus.

4. Die Großmutter lebt zumindest für eine Zeitlang gemeinsam mit ihrer Tochter und deren Kind(ern) in einem Haushalt ohne Männer zusammen. Wer von den Frauen dann die eigentliche Mutterrolle übernimmt, ist nicht immer ganz klar, eine deutliche Trennung in Mutter- und Großmutterrolle existiert in dieser Konstellation anscheinend nicht. Die Großmutter übernimmt in diesem Fall jedoch ziemlich klar die Rolle des Haushaltsvorstandes. Dafür stehen die Erinnerungen von Hans Heinz Weber und Franz Obergottsberger.

Johann Dürmoser, Hans Heinz Weber, Ferdinand Chaloupek, Reinhold Klaus und Franz Obergottsberger erlebten ihre Großmütter im Laufe ihrer Kindheit und Jugend nacheinander in zwei verschiedenen dieser vier Typen. Personen, die über

beide Großmütter berichten (Hedwig Öhler und Inge Guist), konnten natürlich auch gleichzeitig zwei
Großmuttertypen erleben.

Sämtliche Autorinnen und Autoren haben im Laufe
ihres Lebens eine Zeitlang mit ihrer Großmutter im
selben Haushalt gelebt. Für Personen, die ihre Großmutter zu einer bestimmten Zeit des Jahres besuch-
ten, wie z. B. während der Schulferien im Sommer
(etwa Franziska Meritz), trifft dies in eingeschränk-
tem Maße ebenfalls zu. Vor allem für Stadtkinder
scheint ein längerer Besuch bei der Großmutter auf
dem Land während der Schulferien durchaus üblich
gewesen zu sein. So berichtet etwa Theresia Karl,
eine ehemalige Volksschuldirektorin (geb. 1916 in
Wien), in ihrer Lebensgeschichte: „Als Kinder fuhren meine Schwester und ich immer in den Ferien
zu unserer Großmutter ins Waldviertel."[15]

Das Zusammenleben mit den Großeltern betrifft in
der heutigen Zeit nur mehr eine verschwindend
kleine Gruppe von Enkelkindern. In der BRD etwa
sank die Zahl der Drei-Generationen-Haushalte
(Großeltern, Kinder und Enkelkinder) von 1970
768.000 (3,3% aller Haushalte) auf 1980 509.000
(2,2%).[16] Auch von seiten der Großeltern selbst dürfte die Vorliebe für ein dauerhaftes Zusammenleben
mit ihren Kindern und Enkelkindern inzwischen
nicht mehr sehr ausgeprägt sein.[17] Eine Reihe inter-
nationaler Vergleichsstudien zeigte bereits in den
siebziger Jahren, „daß die Aufgabe des Drei-Genera-
tionen-Haushaltes primär dem Wunsch der Älteren
entspricht! Einem Wunsch, der nicht ‚der Not gehor-
chend' geäußert wird, in dem nicht etwa ein ‚Sich-
Abfinden mit der Situation' deutlich wird! Gerade
von älteren Menschen wird eine Wohngemeinschaft

mit ihren erwachsenen Kindern keineswegs als erstrebenswert angesehen."[18]

Welche Beziehungsformen zwischen Großmutter und Enkelkind lassen sich nun aus den 14 gesammelten Textstellen erkennen? Gibt es spezifische Verhaltensweisen der Großmütter, über die mehrere Autorinnen und Autoren berichten?

Bei vielen Großmüttern fällt auf, daß sie als Familienoberhaupt fungierten. Besonders eindeutig war dies bei Großmüttern, die mit ihrer Tochter und dem Enkelkind zusammenlebten, sowie bei alleinstehenden Großmüttern in der Mutterrolle der Fall. Aber auch Großmütter, die mit beiden Elternteilen des Enkelkindes zusammenwohnten, und solche, die nicht ständig mit dem Enkelkind in einem Haushalt lebten, konnten die Rolle eines Familienoberhauptes übernehmen. Die Großmutter väterlicherseits von Hedwig Öhler etwa beanspruchte sogar die Kontrolle über die Familienangelegenheiten aller ihrer Kinder. Manchmal beschränkte sich die vorrangige Stellung der Großmutter innerhalb der Familie nur auf bestimmte Ereignisse. Die Großmutter von Theresia Oblasser etwa besaß das Privileg, am Weihnachtsabend vorzubeten.

Ganz allgemein nehmen viele Großmütter in den Erzählungen eine sehr wichtige Position innerhalb der Familie oder auch in einem weiteren sozialen Umfeld ein. Wie wir schon sehen konnten, waren viele der Großmütter auch noch verhältnismäßig jung. Daher arbeiteten sie noch voll bzw. gingen Tätigkeiten nach, die sie schon während ihres gesamten Lebens ausgeübt hatten, wie z. B. die Großmütter von Johann Dürmoser, Ferdinand Chaloupek, Hans Heinz Weber und Franz Obergottsberger.

Eine andere Gruppe von Großmüttern wird von den Enkelkindern in bezug auf ihr Aussehen und ihre körperliche Verfassung als „klassisch großmütterlich" geschildert. Sie waren weißhaarig, gebückt, zahnlos, hatten faltige Gesichter usw. Vor allem aber waren sie schwerer körperlicher Arbeit nicht mehr gewachsen oder kränklich. Dies betrifft z. B. die Großmütter von Maria Fochler, Inge Guist, Reinhold Klaus, Franziska Meritz, Josefa Hirschmanner, Josef Richter und Hedwig Öhler. Diese Großmütter hatten auch meist tatsächlich bereits ein höheres Alter erreicht.

Eine Gruppe von Großmüttern befand sich in einer Lebenssituation, die man als „Altersruhestand" bezeichnen könnte. Am ehesten trifft dies für Großmütter zu, die im Alter bei ihren Kindern Aufnahme fanden, z. B. bei Katharina Mitterbacher, Josefa Hirschmanner, Hedwig Öhler, Reinhold Klaus und Theresia Oblasser.

In vielen Großmutter-Erinnerungen spiegelt sich außerdem der für historische Zeiten typische Zusammenhang zwischen höherem Lebensalter und Armut wider. Die Großmütter von Maria Fochler, Franziska Meritz, Reinhold Klaus, Katharina Mitterbacher, Hedwig Öhler und Josef Richter sind Beispiele für die zunehmende Verarmung im Alter. Da dieser Umstand bei Frauen noch stärker als bei Männern auftritt, sind gerade auch die beschriebenen Großmütter davon besonders und teilweise auch schon verhältnismäßig früh betroffen.

Ein wichtiges Thema in den Lebenserinnerungen ist die Wertschätzung der Großmütter als Person und die Bewertung des Verhältnisses zu ihnen seitens der Enkelkinder. Vom Großteil der Autorinnen und

Autoren wird die Großmutter als Mensch beschrieben, dem man höchsten Respekt und starke Zuneigung entgegengebrachte. Unter den ausgewählten Texten bilden in dieser Hinsicht nur die Erinnerungen von Reinhold Klaus eine Ausnahme. Seine Großmutter trägt ziemlich deutlich negative Züge, der Autor selbst bringt jedoch keine besonders negativen Gefühle für sie zum Ausdruck. Eine kleine Gruppe von Autorinnen und Autoren zeichnet ein uneingeschränktes Idealbild von der Großmutter. Die Enkelkinder führen keinerlei Kritikpunkte an, sondern beschreiben die Großmutter als wunderbaren Menschen, den sie bedingungslos liebten. Für diese Form der Erzählung stehen die Erinnerungen von Josef Dürmoser, Hedwig Öhler (für die Großmutter mütterlicherseits) und Franz Obergottsberger. Ein typisches Beispiel für eine ausgesprochen positive Darstellung der Großmutter findet sich auch in der Lebensgeschichte von Otto Küss-Spero, (geb.1927), der aus einer kleinen Stadt im Sudetenland stammt: „Viel Gutes habe ich in diesen Jahren meines geistigen Werdens, meiner Gestaltung von meiner guten Großmutter aufgefangen. Wissen Sie, meine Großmutter war ein fabelhaft gütiges Wesen. Sie war in unserer Familie so etwas wie ein verläßlicher Leuchtturm, wo man immer das bekam, was man suchte und brauchte. Von ihr ging alles Gute dieser Erde aus. Sie war immer liebevoll, immer bereit, jemandem zu helfen. Ich kann mich nicht erinnern, daß ich jemals ein lautes Wort von ihr gehört habe, daß sie jemandem böse war, das brachte sie nicht fertig."[19]

Der Großteil der Autorinnen und Autoren in diesem Band schildert jedoch die Großmutter und das Verhältnis zu ihr weitaus neutraler. Die meisten Enkelkinder stellen in den Aufzeichnungen durchaus auch negative Eigenschaften und Verhaltensweisen an ihrer Großmutter auf sachliche Weise fest. Trotzdem respektieren sie die Großmutter als Menschen sehr und schildern die Beziehung zu ihr als wirklich positiv oder zumindest als nicht unbedingt schlecht. Beispiele dafür finden sich in den Erinnerungen von Ferdinand Chaloupek, Theresia Oblasser, Hedwig Öhler (für die Großmutter väterlicherseits), Hans Heinz Weber und Maria Horner.

Andererseits gibt es Erinnerungen, in denen zwar vereinzelt auch von Liebe und Zuneigung zur Großmutter die Rede ist, wie etwa bei Josef Richter, Franziska Meritz, Inge Guist, Maria Fochler, Katharina Mitterbacher und Josefa Hirschmanner. Im großen und ganzen beschreiben diese Autorinnen und Autoren die Großmutter als Persönlichkeit, das Verhältnis zu ihr aber ohne besondere emotionale Bewertung. Die Schilderungen konzentrieren sich hauptsächlich auf eine Erzählung von Ereignissen und Abläufen. Die Verfasserinnen und Verfasser nehmen zwar am manchmal sehr harten und teilweise tragischen Lebensschicksal der Großmutter Anteil, ihre persönliche Betroffenheit ist stark spürbar. Die Aspekte der eigenen emotionalen Beziehung zur Großmutter bleiben aber in diesen Aufzeichnungen eher ausgeklammert.

Nur relativ selten beinhalten die Texte Erinnerungen an größere Streitigkeiten zwischen den Eltern und der Großmutter, wie z. B. bei Reinhold Klaus, Ferdinand Chaloupek und Maria Fochler. Die Enkelkinder ließen sich laut ihren Schilderungen kaum in die Auseinandersetzungen verwickeln. Sie berichten darüber sehr sachlich und neutral, die eigene Wertschätzung für die Großmutter litt und leidet auch nicht darunter, daß sie von den Enkelkindern manchmal als der schuldige Teil erkannt wurde.

Auffällig ist weiters, daß in den Erinnerungen auf den ersten Blick keine unterschiedliche Behandlung von Buben und Mädchen durch die Großmutter sichtbar wird. Eine Erziehung der Enkelkinder nach Geschlechterrollen wird in den Aufzeichnungen niemals ausdrücklich erwähnt. Hilfsdienste beim Kochen etwa scheinen Buben wie Mädchen ihren Großmüttern in gleicher Weise geleistet zu haben. Die Bevorzugung des Bruders von Theresia Oblasser durch die Großmutter geschah offenbar nicht nur gegenüber den Mädchen, sondern gegenüber allen der insgesamt sechs anderen Geschwister.

Allgemein kann man davon ausgehen, daß eine starke geschlechtsspezifisch differenzierte Erziehung von Kindern während des späten 19. und der ersten Hälfte des 20. Jahrhunderts allgemein verbreitet war. Wie wir schon sehen konnten, befanden sich einige der Großmütter gegenüber ihren Enkelkindern de facto in der Mutterrolle. Es wäre also mehr als erstaunlich, wenn tatsächlich viele der Autorinnen und Autoren dieses Bandes von ihren Großmüttern nicht dem damals vorherrschenden weiblichen und männlichen Rollenbild entsprechend erzogen worden wären. Eine solche Erziehung dürfte aber von den Enkelkindern noch als so „normal" empfunden worden sein, daß sie in den Aufzeichnungen keinen besonderen Niederschlag findet. Die Tatsache, daß einige der Großmütter gegenüber ihren Enkelkindern die Mutterrolle einnahmen, äußert sich interessanterweise nur selten darin, daß die

Großmutter als „Mutter" angesprochen wird. Es findet sich unter den 14 Autorinnen und Autoren nur ein einziger derartiger Fall, nämlich Josefa Hirschmanner. Franz Obergottsberger weist zwar zu Beginn seiner Erinnerungen auf die Mutterrolle seiner Großmutter hin: „Denn was anderen die Mutter ist, das war mir sie." In der Folge spricht er von ihr allerdings ausschließlich als „Großmutter". Auch in einer größeren Anzahl anderer Lebenserinnerungen in der „Dokumentation lebensgeschichtlicher Aufzeichnungen", die kurze Beschreibungen der Großeltern beinhalten, wird eine Anrede der Großmutter als „Mutter" nur ein einziges Mal erwähnt: „Da gab es den [Vota] und die [Muatta], wie ich die Großeltern nannte, ..."[20]

Im allgemeinen werden die Großmütter in den Aufzeichnungen von den Autorinnen und Autoren „Großmutter", „Ahnlmutter" oder „Ahnl" genannt, die Bezeichnung „Großmutter" dominiert dabei bei weitem. Vielleicht ist dieser Umstand jedoch nur auf die Schriftlichkeit der Erinnerungen zurückzuführen. In vielen Fällen kennen die Schreiberinnen und Schreiber während ihrer Kindheit und Jugend neben der Großmutter auch ihre Mutter zumindest von Besuchen. Das Bewußtsein, eben bei der Großmutter und nicht einfach bei einer „Mutter" aufzuwachsen, scheint jedenfalls sehr entwickelt zu sein.

## Die Großmutter als Spiegelbild vergangener Zeiten

Einige Eigenschaften, die besonders bei den Großmüttern der Autorinnen und Autoren aus dem ländlichen Bereich beschrieben werden, geben möglicherweise darüber Aufschluß, warum die Groß-

mutter als Persönlichkeit doch deutlich anders empfunden wurde als die jeweilige Mutter. Viele Erinnerungen zeigen die Großmutter mit ihren
Alltagsgewohnheiten und Wertvorstellungen als Repräsentantin alter, längst vergangener Zeiten. Von
den Enkelkindern wird zwar nur in wenigen Fällen
ausdrücklich betont, daß die Großmutter z. B. „alt-
modisch" dachte oder handelte. Allerdings wird in
fast allen Texten das Alltagsverhalten der Großmutter so ausführlich geschildert, daß man daraus
folgern kann, daß es durchaus nicht mehr dem zeit-
genössischen „Durchschnittsverhalten" entsprach.
Es mußte deshalb in der Erinnerung an die Großmutter bemerkens- und erwähnenswert bleiben.
Der Umstand, daß die Gewohnheiten und Lebenseinstellungen älterer Menschen für jüngere Personen
nicht mehr zeitgemäß wirken, kann nur in Perioden
raschen gesellschaftlichen Wandels auftreten. Je
schneller seit dem 19. Jahrhundert gesellschaftliche
Veränderungen vor sich gingen, während gleichzeitig die Lebenserwartung anstieg, desto mehr ent-
fernten sich Menschen im Lauf ihres Lebens von den
gesellschaftlichen Bedingungen, die sie in ihrer
Kindheit und Jugend geprägt hatten.
In fast allen Erinnerungen in diesem Band zeigen
das Alltagsverhalten und die Wertvorstellungen der
Großmutter sehr deutlich, daß sie unter völlig anderen gesellschaftlichen Bedingungen aufgewachsen
war als das sie beschreibende Enkelkind. Ein solcher
Umstand ist beispielsweise für ein Enkel-Großmut-
ter-Verhältnis der ländlich-bäuerlichen Gesellschaft
des 17. oder 18. Jahrhunderts noch kaum denkbar.
Die spezielle Distanz zwischen den Generationen
äußert sich in den meisten Erinnerungen durch das

wiederholte Auftreten bestimmter Themenbereiche. Hier ist zuerst die sehr detailliert beschriebene tiefe Religiosität der Großmütter zu erwähnen. Sie wird besonders von Ferdinand Chaloupek, Josefa Hirschmanner, Franziska Meritz, Katharina Mitterbacher, Franz Obergottsberger, Theresia Oblasser und Hedwig Öhler (für die Großmutter mütterlicherseits) geschildert. Die Autorinnen und Autoren berichten z. B. über die besondere Häufigkeit von Kirchenbesuchen und Wallfahrten, von den mit dem Glauben vermischten, abergläubischen Vorstellungen sowie von Heiligenbildern und Gebetbüchern im Wohnbereich der Großmutter. Immer wieder wird auch ausdrücklich festgestellt, was für eine außergewöhnlich fromme Frau die Großmutter gewesen sei.

Dies bedeutet im allgemeinen nicht, daß viele Autorinnen und Autoren sich nicht auch selbst als gläubig bezeichnen und verstehen. Es ist aber beim Lesen der Texte deutlich zu bemerken, daß der Glaube der Großmutter und die Art, wie sie ihn praktizierte, in der Erinnerung als etwas „Besonderes", das zu dieser Zeit nicht mehr viele Menschen besaßen, haften blieb. Einzelne Verfasserinnen und Verfasser erzählen zwar auch, sie seien selbst vom tiefen Glauben der Großmutter geprägt worden; aus den Schilderungen kann man jedoch entnehmen, daß die Religiosität der Großmutter trotzdem eine ganz andere Qualität von Gläubigkeit repräsentierte.

Bestandteil der „veralteten" Weltsicht mancher Großmütter ist auch der von einigen Enkelkindern erwähnte Aberglaube. Besonders in den Erinnerungen Ferdinand Chaloupeks, Inge Guists und Josefa Hirschmanners wird deutlich, daß bei der Großmutter die Grenzen zwischen Frömmigkeit und Aberglauben nicht allzu scharf gezogen waren. Die Schilderung Ferdinand Chaloupeks zeigt, daß manche Enkelkinder schon während ihrer Kindheit, in diesem Fall kurz nach der Jahrhundertwende, dem Aberglauben sehr skeptisch gegenüberstanden. Daraus konnte eine gewisse Verständnisschranke zwischen den Großmüttern und ihren bereits um einiges rationaler denkenden Enkelkindern entstehen: „Als ich sie einmal fragte, wie das ‚Besprechen' vor sich gehe, begann sie bereitwillig, es mir als wiederholtes Bekreuzigen und Anrufen der Mutter Gottes zu erläutern, wobei man, sagte sie, die zu heilende Stelle mit der flachen Hand berühren müsse. Nun war ich aber noch zu jung, um die nötige Abgeklärtheit aufzubringen, so daß ich mich eines leichten Schmunzelns nicht enthalten konnte, was sie bemerkte, sich jäh unterbrach und sagte: ‚Du lachst? Dir erzähl ich nichts mehr!'"

„Von einer alten Nachbarin weiß ich, daß sie [die Großmutter] im Herbst, wenn es sehr stürmte, dem Wind Brosamen zuwarf." Wenn Großmütter abergläubisch waren, werden sie von den Autorinnen und Autoren auch ausdrücklich so bezeichnet. Es handelt sich beim Aberglauben noch mehr als bei der Religiosität um eine Lebenseinstellung, die in den Erinnerungen meist eindeutig als unzeitgemäß empfunden wird.

Ein weiterer Aspekt, der einige der beschriebenen Großmütter als Zeuginnen vergangener Lebenswelten charakterisiert, ist ihre Kenntnis der traditionellen Volksmedizin. Die Großmütter von Maria Horner, Josef Dürmoser, Katharina Mitterbacher und Theresia Oblasser kannten die Heilkräfte vieler

Pflanzen und natürlicher Substanzen. Dieses Wissen wurde jahrhundertelang von bestimmten Frauen im ländlichen Raum von Generation zu Generation weitergegeben. Alle Großmütter, die nach den Erinnerungen ihrer Enkelkinder solches Wissen besaßen, wandten es auch noch in der Praxis an. Je nach ihrem dementsprechenden Wirkungskreis besaßen die Großmütter eine starke Stellung in der Familie, auf dem Bauernhof (Josef Dürmoser) oder innerhalb einer ganzen Dorfgemeinschaft (Maria Horner). Trotzdem wurde anscheinend keine der Enkelinnen von der Großmutter in diese Geheimnisse umfassend eingeweiht. Es handelte sich besonders bei den Großmüttern der nach 1910 geborenen Autorinnen und Autoren ganz offensichtlich um eine der ersten Generationen von Frauen, die dieses über lange Zeiten tradierte Wissen nicht mehr geschlossen weitergab.

Tiefe Religiosität, Aberglaube und Wissen um Heilkräfte prägen vor allem in den Lebenserinnerungen aus dem ländlichen Bereich die Persönlichkeit der Großmutter. Alle drei Aspekte zusammen stehen in den Schilderungen vieler Autorinnen und Autoren für Wesenszüge, die die Großmutter als Repräsentantin einer alten, nunmehr fast vergangenen Welt charakterisieren. Aus der Schilderung der Enkelkinder wird sichtbar, daß das Aufbrechen alter Traditionen in der ländlichen Gesellschaft der Jahrhundertwende und des frühen 20. Jahrhunderts bereits sehr weit fortgeschritten war. Diese Entwicklung hatte zur Folge, daß eine mehrere Jahrzehnte früher geborene Großmutter deutlich erkennbar noch in anderen Bezügen lebte als die Enkelkinder selbst.

Den Autorinnen und Autoren aus dem Bürgertum war aufgrund ihrer spezifischen Bildung oft schon während ihrer Jugend die Ursache für bestimmte Verhaltensweisen und Einstellungen der Großmutter bewußt geworden. Ferdinand Chaloupek führt als Beispiel dafür an, daß seine Großmutter in jungen Jahren noch am Handwebstuhl gesessen war. Hans Heinz Weber bemerkte bald, daß Moral und Lebenseinstellung seiner Großmutter dem Großbürgertum des 19. Jahrhunderts entstammten und daher inzwischen etwas „antiquiert" wirkten.

Für Stadtkinder, deren Großmutter noch auf dem Land wohnte, bot der Besuch bei ihr auch immer eine Gelegenheit, nicht nur über die Großmutter als Mensch, sondern durch den Ortswechsel ganz allgemein andere Lebensbedingungen kennenzulernen. Die Erinnerungen von Franziska Meritz sind ein gutes Beispiel für eine solche Erfahrung. Der Besuch bei der Großmutter führte die Enkelkinder in eine Welt, die für sie im Vergleich zur gewohnten Umgebung geradezu exotisch und darum umso interessanter wirkte.

### Stereotype in den Großmutter-Erinnerungen

In den Großmutter-Erinnerungen gibt es eine Reihe von Themen, die sich bei vielen Autorinnen und Autoren wiederholen. Drei davon, die in den Erzählungen besonders auffällig geschildert sind, seien hier erwähnt:

#### Großmutters Sprichwörter

Sehr oft blieben den Enkelkindern Einstellungen und Moralvorstellungen der Großmutter in Form von Sprüchen und Sprichwörtern im Gedächtnis. Mehrere Großmütter scheinen solche Sprichwörter in bestimmten Alltagssituationen häufig gebraucht zu haben. Oft zitierten Großmütter gegenüber ihren Enkelkindern auch Sprüche zur Vermittlung religiöser Moral. In diesem Zusammenhang stellt sich die Frage, ob zu früheren Zeiten eine stärker ausgeprägte Spruchkultur herrschte als heute. Auch in der Gegenwart ist eine große Anzahl von Sprichwörtern allgemein bekannt und in Gebrauch. Als Ausdruck persönlicher Wertvorstellungen werden sie von jüngeren Personen jedoch kaum mehr gebraucht. Heute werden alte Sprichwörter von den meisten Menschen mit einem leicht ironischen Unterton zitiert, ihre Verwendung gerät immer mehr zu einer Persiflage der von ihnen transportierten moralischen Inhalte. Auch in dieser Hinsicht können uns die Großmutter-Erinnerungen in diesem Band ein Bild von vergangenen Mentalitäten vermitteln.

*Großmutters Kochrezept*

Bis in die Gegenwart steht „Großmutters Kochrezept" für eine besondere, auf altem Hausfrauenwissen beruhende Qualität von Speisen. Auch in den Großmutter-Erinnerungen trifft man dieses Klischee auf den ersten Blick erstaunlich häufig an. Johann Dürmoser, Maria Fochler, Katharina Mitterbacher, Franz Obergottsberger und Josef Richter erzählen ausführlich über die Kochkünste ihrer Großmütter. Die detaillierte Schilderung des Kochvorganges und der einzelnen Zutaten zeigt, daß die Großmutter vielen Enkelkindern vor allem im Zusammenhang mit der Zubereitung von Speisen in Erinnerung blieb. Für die Enkelkinder mußte sich über dieses

Vorbild die Einprägung des weiblichen Rollenver-
haltens vollziehen. Auch durch das Wissen um die
Fundorte von Beeren und Pilzen im Wald erscheinen viele Großmütter auf den Haushaltsbereich fest-
gelegt. Vielen Enkelkindern blieb der Gang in den
Wald mit der Großmutter deutlich im Gedächtnis.

Die sehr genaue Beschreibung der großmütterlichen
Kochrezepte zeigt aber auch meistens die ärmlichen
Umstände der Lebensführung, wie z. B. bei Maria
Fochler: „Kochen konnte die Großmutter, das muß
man ihr lassen. Immer zauberte sie irgendeine Speise zusammen, wo doch der Greißler eine Stunde
weit weg und das Geld knapp war. (...) Natürlich
darf man einer solchen Bedürfnislosigkeit keine Träne nachweinen. Aber es war halt einmal so." Bei der
Beschreibung der Kochkünste der Großmutter wird
immer wieder betont, daß es ihr gelang, mit einem
Minimum an Geld und Lebensmitteln einerseits und
einem Maximum an Aufwand und Geschicklichkeit
andererseits ausgezeichnete Gerichte zuzubereiten.
Die hohe Einschätzung von „Großmutters Rezep-
ten" ergibt sich in den Erinnerungen vor allem aus
diesem Aspekt.

*Großmutters Schrank*

In bezug auf die oft sehr detailliert beschriebenen
Wohnverhältnisse der Großmutter fällt bei mehre-
ren Autorinnen und Autoren eine Konzentration der
Erinnerung auf den Schrank oder die Truhe des
großmütterlichen Zimmers auf. Die verschiedenen
Dinge, die sich darin befanden, waren für die Enkelkinder ganz offensichtlich mit einer Aura des Ge-
heimnisvollen umgeben. Der Inhalt des Schranks
oder der Truhe repräsentierte oft die tiefe Religiosi-

tät der Großmutter oder auch ihre Kentnisse der traditionellen Volksmedizin. Mehrfach wird über eine Sammlung von Heiligenbildern, Wallfahrtsandenken und religiösem Schrifttum im Kasten der Großmutter berichtet. Einige Enkelkinder wußten, daß sich im Schrank auch heilkräftige Präparate befanden, die die Großmutter hergestellt hatte. Oft verstanden die Autorinnen und Autoren den Zweck und die genaue Wirkung dieser Dinge nicht und bekamen auch von der Großmutter keine Erklärung dazu.

Der Inhalt von Großmutters Kasten oder Truhe vermittelte den Enkelkindern in jedem Fall das Gefühl von eher Ungewohntem, wenig Alltäglichem. Die Großmutter erschien oft gerade auch durch die Dinge, die sie in ihrem Schrank aufbewahrte, als Persönlichkeit, die mit alten, vergangenen Traditionen und Lebenseinstellungen verbunden war.

\*\*\*

Die vierzehn ausgewählten Großmutter-Erinnerungen in diesem Band präsentieren das Großmutter-Bild von Enkelkindern, die etwa zwischen 1880 und 1940 geboren wurden, als relativ wenig homogen. Auf den ersten Blick gibt es in den Texten vier verschiedene Konstellationen zwischen den Großmüttern und ihren Enkelkindern: Großmütter in der Mutterrolle, Großmütter, die mit dem Enkelkind und dessen Eltern zusammenwohnen, Großmütter die an einem anderen Ort als das Enkelkind wohnen, und Großmütter, die mit ihrer Tochter und dem Enkelkind zusammenleben.

Bei genauerer Betrachtung lassen sich unabhängig

von diesen Typen bei manchen Autorinnen und Autoren gewisse Ähnlichkeiten in den Erinnerungen feststellen. Großmutter-Bilder, die heute in die Vergangenheit hineinprojiziert werden, finden allerdings in den seltensten Fällen ihre genaue Entsprechung in den Aufzeichnungen.

Die gesellschaftliche Entwicklung der letzten 150 bis 200 Jahre hat das Verhältnis zwischen Großeltern und ihren Enkelkindern neu bestimmt: Seit dem Beginn der Industrialisierung wird unsere Gesellschaft einem intensiven und immer rascheren Wandel unterzogen. In den Jahrzehnten, die zwischen der Geburt von Großmüttern und der Geburt ihrer Enkelkinder liegen, verändern sich im 19. und 20. Jahrhundert die gesellschaftlichen Bedingungen drastisch. Im Gegensatz zur frühindustriellen Epoche ist das Verhältnis zwischen Enkelkindern und Großeltern nun hauptsächlich durch die unterschiedliche gesellschaftliche Prägung der beiden Generationen gekennzeichnet. Gerade in den letzten beiden Jahrhunderten konnte und kann es daher ein für Großmütter „typisches" Verhalten in der Realität nicht geben.

*Anmerkungen:*

1 Vgl. Arthur E. *Imhof*, Die gewonnenen Jahre. Von der Zunahme unserer Lebensspanne seit dreihundert Jahren oder von der Notwendigkeit einer neuen Einstellung zu Leben und Sterben (München 1981).

2 Josef *Ehmer*, Sozialgeschichte des Alters (Frankfurt/Main 1990), 206.

3 Statistische Nachrichten 4/1988.

4 Michael *Mitterauer*, Der Mythos von der vorindustriellen Großfamilie, in: Heidi *Rosenbaum* (Hg.), Seminar: Familie und Gesellschaftsstruktur (Frankfurt/Main 1978), 128ff.

5 Siehe dazu auch den Band 5 dieser Reihe: Therese *Weber* (Hg.), „Mägde". Lebenserinnerungen an die Dienstbotenzeit bei Bauern (Wien [3]1991).

6 Elisabeth *Hager*, Anton *Hager*, Mobilität und soziale Funktion von Großeltern (phil.Dipl. Innsbruck 1988), 118.

7 H. *Hierdeis*, Großeltern als Erzieher, in: Dialog 1/87.

8 Marianne *Künzel-Schön*, Wenn unsere Eltern älter werden. Familienbeziehungen - Pflegebedürftigkeit - Generationenkonflikt (Hamburg 1986), 104.

9 Rosemarie *von Schweitzer*, Junge Oma, altes Eisen. Älterwerden heute, in: Wie geht's der Familie? Ein Handbuch zur Situation der Familie heute, ed. Deutsches Jugendinstitut (München 1988), 120.

10 Margit *Scholta*, Integration des alten Menschen in das familiale Beziehungs- und Stützsystem, in: Lebenswelt Familie. Familienbericht 1989, herausgegeben vom Bundesministerium für Umwelt, Jugend und Familie (Wien 1989), 441.

11 Statistische Nachrichten 4/1988.

12 *Hager/Hager*, 10.

13 *Von Schweitzer*, 124.

14 *Von Schweitzer* , 125.

15 Informationsbroschüre „Oma-Hilfsdienst", Wichtelmannweg 33, 2000 Hamburg 70.

16 Lebensgeschichte Theresia Karl, unveröffentlichtes Manuskript in der Dokumentation lebensgeschichtlicher Aufzeichnungen.

17 *Altwerden* in der Bundesrepublik Deutschland. Geschichte - Situationen - Perspektiven, Band III (=Beiträge zur Gerontologie und Altenarbeit 40/III, herausgegeben vom Deutschen Zentrum für Altersfragen, Berlin 1982), 983.

18 *Scholta*, 439.

19 *Künzel-Schön*, 106.

20 Lebensgeschichte Otto Küss-Spero, unveröffentlichtes Manuskript in der Dokumentation lebensgeschichtlicher Aufzeichnungen.

20 Lebensgeschichte Friederike Haslinger, geb. in Neulengbach; unveröffentlichtes Manuskript in der Dokumentation lebensgeschichtlicher Aufzeichnungen.

21 Autorin geb.1921 in bäuerlichen Verhältnissen in Oberösterreich.

# Glossar

| | |
|---|---|
| *Goasschmalz:* | Ziegenschmalz |
| *Goldfasan:* | Amtswalter der NSDAP; umgangssprachlich nach ihrer goldbraunen Uniform |
| *Golter:* | Tuchent, Bettzeug |
| *Granten:* | Preiselbeeren |
| *Hackelstecken:* | langer Stab mit einem Haken am Ende |
| *Kindsdirn:* | Magd zur Betreuung von Kindern auf einem Bauernhof |
| *Klothstoff:* | Baumwollgewebe |
| *Leutkind:* | Kind von Dienstleuten auf dem Bauernhof |
| *Mandlkalender:* | Bäuerlicher Jahreskalender, in dem neben den einzelnen Tagen die Figuren der jeweiligen Namenspatrone abgebildet sind, die sog. „Mandln"(Männchen) |
| *Nußpotize:* | Nußgebäck |
| *Pfeid:* | *Hemd* |
| *Primiz:* | Erste Messe eines neugeweihten Priesters |
| *Rastelbinder,*<br>   *Rasselbinder:* | Kesselflicker |
| *Rempler:* | Stoß |
| *Rorate:* | Frühmesse im Advent |
| *Scherz(l):* | Ende eines Brotlaibes |
| *schurageln,*<br>   *schurigeln:* | An jemandem jede Kleinigkeit bemängeln; ihn oder sie übermäßig streng behandeln |
| *wax:* | rauh, kratzend |

# Damit es nicht verlorengeht...

Herausgegeben von
Michael Mitterauer und Peter P. Kloß

**1**: Maria Gremel, **Mit neun Jahren im Dienst.** Mein Leben im Stübl und am Bauernhof 1900-1930. 2. Aufl. 1991. 309 S. Geb. ISBN 3-205-05395-8

**2**: **Kreuztragen.** Drei Frauenleben. Vorwort von Michael Mitterauer. 1984. 132 S. 7 SW-Abb. Vergriffen.

**3**: **Häuslerkindheit.** Autobiographische Erzählungen. Hrsg. von Therese Weber. 1992. 2. Aufl. 313 S. Geb. ISBN 3-205-05493-8

**4**: Maria Horner, **Aus dem Leben einer Hebamme.** Vorw., hrsg. u. bearb. v. Christa Hämmerle. 1985. 205 S., 14 SW-Abb. Br. ISBN 3-205-06153-5

**5**: Therese Weber (Hrsg.), **Mägde.** Lebenserinnerungen an die Dienstbotenzeit bei Bauern. 3. Auflage 1991. 211 S., 19 SW-Abb. Geb. ISBN 3-205-05434-2

**6**: Barbara Waß, **Mein Vater, Holzknecht u. Bergbauer.** Vorwort v. Michael Mitterauer. 2. unveränd. Aufl. 1989. 216 S. Geb. ISBN 3-205-05255-2

**7**: **Hände auf die Bank.** Erinnerungen an den Schulalltag. Hrsg. von Eva Tesar. 1992. 2. Aufl. 270 S. Geb. ISBN 3-205-05494-6

**8**: Leo Schuster, **...Und immer mußten wir einschreiten!** Ein Leben im „Dienste der Ordnung". Hrsg., bearb. u. Einl. v. Peter P. Kloß, unter Mitarbeit v. Ernestine Schuster. 1986. 211 S., 19 SW-Abb. Br. ISBN 3-205-06157-8

**9**: Oswald Sint, **Buibm und Gitschn beinando is ka Zoig.** Jugend in Osttirol 1900-1930. Vorw. u. bearb. v. Peter P. Kloß. 1986. 317 S., 22 Abb. auf Tafeln. Geb. ISBN 3-205-06159-4

**10**: Adolf Katzenbeisser, **Kleiner Puchermann lauf heim...** Kindheit im Waldviertel 1945-1952. Vorw. u. Bearbeitung von Peter P. Kloß. 1986. 209 S., 10 SW-Abb. Geb. ISBN 3-205-06160-8

**11**: **Als das Licht kam.** Erinnerungen an die Elektrifizierung. Vorwort, hrsg. u. bearb. von Viktoria Arnold. 1986. 288 S. Geb. ISBN 3-205-06161-6

**12**: **Es war eine Welt der Geborgenheit...** Bürgerliche Kindheit in Monarchie und Republik. Hrsg. v. Andrea Schnöller u. Hannes Stekl. 1987. 306 S., 16 Taf. m. 30 SW-Abb. Geb. ISBN 3-205-06163-2

**13**: Agnes Pohanka, **Ich nehm' die Blüten und die Stengel...** Kräutlerin am Schlingermarkt. Vorw. u. bearb. v. Werner Nachbagauer. 1987. 207 S., 4 Taf. m. 9 SW-Abb. Geb. ISBN 3-205-06158-6

**14**: Michael Mitterauer (Hrsg.), **Gelobt sei, der dem Schwachen Kraft verleiht.** Zehn Generationen einer jüdischen Familie im alten und neuen Österreich. Vorw. v. Rudolf Kirchschläger. 1987. 319 S., 24 Taf. m. 23 SW-Abb. Geb. ISBN 3-205-06165-9

**15**: Adolf Katzenbeisser, **Zwischen Dampf und Die-**

**sel.** Ausbildung zum Lokführer 1956-1965. Bearbeitet von Peter P. Kloß. 1988. 313 S., 10 SW-Abb. Geb. ISBN 3-205-06780-0

**16**: Barbara Waß, **Für sie gab es immer nur die Alm.** Aus dem Leben einer Sennerin. Vorw. v. Michael Mitterauer. 1988. 178 S., 12 SW-Abb. Geb. ISBN 3-205-06164-0

**17**: Helen L. Krag, **Man hat nicht gebraucht keine Reisegesellschaft.** 1988. 184 S. Geb. Vergriffen. ISBN 3-205-05146-7

**18**: Barbara Passrugger, **Hartes Brot.** Aus dem Leben einer Bergbäuerin. Bearb. v. Ilse Maderbacher. 1989. 188 S., 8 S. SW-Abb. Geb. ISBN 3-205-05227-7

**19**: Norbert Ortmayr (Hrsg.), **Knechte.** 1991. 388 S. 16 SW-Abb. Geb. ISBN 3-205-05433-4

**20**: Maria Gremel, **Vom Land zur Stadt.** Ereignisreiche Jahre 1930-1950. 1991. 102 S. mit 8 SW-Abb. Geb. ISBN 3-205-05432-6

**21**: Erhard Chvojka, **Großmütter.** Enkelkinder erinnern sich. 1992. 160 S. mit 16 SW-Abb. Geb. ISBN 3-205-05492-X

Weitere Bände sind in Vorbereitung.

Böhlau Verlag Ges.m.b.H. und Co. KG., A-1201 Wien.

Michael Mitterauer

# Familie und Arbeitsteilung

Historischvergleichende Studien

Kulturstudien. Bibliothek der Kulturgeschichte, Band 26. Herausgegeben von Hubert Ch. Ehalt und Helmut Konrad. 1992. 362 S.,
zahlr. Tabellen und Graphiken. Br. ISBN 3-205-05466-0

Anschließend an den Band „Historisch-anthropolo-
gische Familienforschung" (Böhlau 1990), der sich
vorwiegend mit methodologischen Zugangsweisen
befaßt, bieten die Studien dieses Bandes Untersuchungen über den Zusammenhang zwischen Arbeitsteilung und Familie. Die Fragestellungen gelten
den Prozessen der gesellschaftlichen Arbeitsteilung
und deren Auswirkungen auf die Familienverfas-
sung, klassen- und schichtspezifischen Formen der
Familienstruktur, den Unterschieden der Familien-
formen, die aus der speziellen Arbeitsteilung in der
Stadt und im ländlichen Raum sowie innerhalb wirt-
schaftlich besonders spezialisierter Regionen er-
wachsen sind. Schließlich ist es die innerfamiliale
Arbeitsteilung selbst, zwischen Mann und Frau
ebenso wie zwischen Familienangehörigen - Kindern, Jugendlichen, Erwachsenen -, die Gegenstand
der historischvergleichenden Studien ist. Dem kom-
parativen Ansatz folgend, behandeln die Beiträge
wesentliche Aspekte der historisch-anthropologi-
schen Familienforschung.

*Michael Mitterauer* ist Professor für Sozialgeschichte
an der Universität Wien und hat hier durch viele
Jahre interdisziplinäre Projekte zur historischen Familienforschung geleitet.

Böhlau Verlag Ges.m.b.H. und Co.KG., A-1201 Wien